VIVRE AVEC LES INSECTES

DOMINOS
Collection dirigée par Michel Serres
et Nayla Farouki

PIERRE FERRON

VIVRE AVEC LES INSECTES

Un exposé pour comprendre
Un essai pour réfléchir

DOMINOS
Flammarion

Pierre Ferron. Ingénieur agronome (INA, Paris), docteur ès sciences, directeur de recherches à l'Institut national de la recherche agronomique (INRA), Pierre Ferron a consacré la première partie de sa carrière de chercheur à l'étude des maladies des Insectes dans le but de contribuer à la mise au point de procédés de lutte biologique contre les ravageurs des cultures. Il a ensuite exercé des fonctions d'animateur dans les domaines de la programmation des recherches et de la valorisation des résultats ainsi obtenus.
Il est actuellement chargé de l'étude d'un projet de création d'un laboratoire mixte, à Montpellier, réunissant des équipes de recherche appartenant aux divers établissements français d'enseignement ou de recherche concernés par la lutte contre les organismes nuisibles et la protection de l'environnement. Ce nouveau laboratoire sera implanté au sein d'un campus international, consacré à la lutte biologique par Agropolis.
Pierre Ferron est membre correspondant de l'Académie d'agriculture de France depuis 1993.
Ses principaux travaux scientifiques sont publiés dans les revues et les journaux scientifiques spécialisés dans le domaine de la pathologie des Insectes, de la lutte biologique et de la protection des plantes. *Vivre avec les Insectes* est son premier ouvrage destiné au grand public.

Remerciements

J'ai le plaisir de remercier très sincèrement ceux de mes collègues qui m'ont fait part de critiques et de suggestions, m'ont fourni des documents bibliographiques et ont pris soin de corriger le manuscrit de cet ouvrage : A. Fraval, R. Guilbot, M. Marchal, J.-F. Silvain et Christine Silvy.

ISBN : 2-08-035159-1
Imprimé en France

Sommaire

La première fois qu'apparaît un mot relevant d'un vocabulaire spécialisé, explicité dans le glossaire, il est suivi d'un *

Avant-propos

Au dire de certains biologistes, la planète Terre serait le territoire d'élection non pas de l'homme, mais des Insectes ! L'affirmation peut surprendre, mais les cosmonautes ne se plaisent-ils pas à dire que, de la Lune, seule la muraille de Chine est le témoignage d'une activité humaine sur Terre ? Sans doute convient-il donc de faire preuve d'un peu de modestie et d'adopter un système d'observation approprié au monde des Insectes dans lequel, semble-t-il, nous vivons.

La grande presse ne manque pas, en effet, d'attirer régulièrement notre attention sur des événements spectaculaires qui montrent que les activités humaines sont en permanence confrontées à celles d'un concurrent omniprésent : les vols de criquets pèlerins, qui menacent les cultures, du Sénégal au Pakistan, le puceron *Phylloxera*, qui décime actuellement le vignoble californien, l'introduction accidentelle de la mouche du bétail en Libye et les risques ainsi encourus par la faune des Vertébrés africains, la résistance des moustiques aux pesticides et la recrudescence de

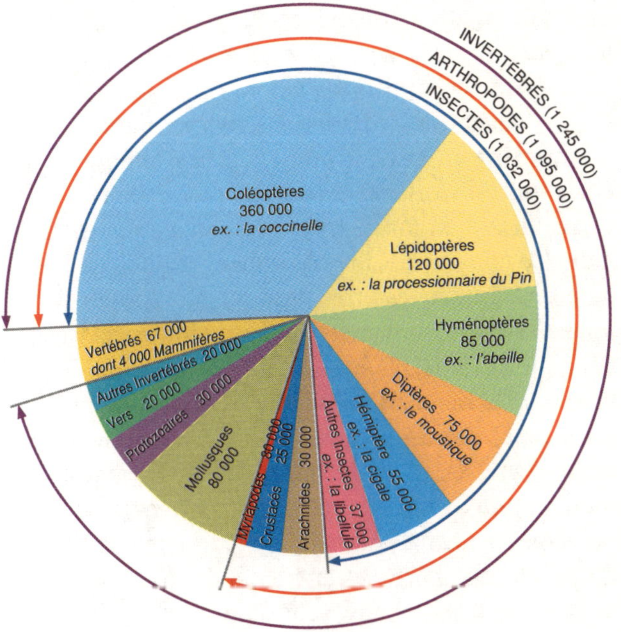

L'importance relative des différents types d'animaux.
Les Insectes dominent largement le monde vivant par leur nombre : ils représentent près de 85 % des espèces animales.

Si l'on prend en outre en considération les 250 000 espèces végétales aujourd'hui recensées, les Insectes à eux seuls constitueraient 70 % du monde vivant !

maladies dont ils sont les vecteurs, telles que le paludisme ou la fièvre jaune, la colonisation du continent américain par les abeilles dites tueuses, conséquence malheureuse d'un croisement mal contrôlé entre races indigènes et africaines, le travail de sape des termites qui minent nos immeubles...

Ces illustrations, destinées à frapper l'imagination, dissimulent en fait un monde généralement moins effrayant, plus discret et souvent plus familier, indispensable au bon fonctionnement biologique de la planète. Le mécanisme de la biosphère (espace de la planète occupé par les êtres vivants) ne repose-t-il pas, pour l'essentiel, sur une transformation successive de l'énergie et de la biomasse* (masse totale de matière vivante présente dans un biotope* donné à un moment déterminé) par les plantes, les animaux et les micro-organismes ? Or, il est reconnu que les Insectes représentent à eux seuls environ les deux tiers du nombre des espèces animales vivantes, avec au moins un million d'espèces recensées, alors que les Vertébrés, auxquels nous appartenons, sont quinze fois moins nombreux. Les populations d'Insectes peuvent aussi atteindre des effectifs considérables, de l'ordre de vingt millions d'individus dans les nids de certains termites africains et même de dix à quarante milliards pour un seul essaim de criquets pèlerins... Certes, le nombre ne suffit pas, à lui seul, à assurer la suprématie, mais il favorise incontestablement l'exploitation des potentialités du milieu environnant, par une adéquation optimale aux conditions écologiques les plus diverses. Animaux à sang froid, les Insectes souffrent sans doute du handicap d'une étroite dépendance des conditions de température, mais ils ont néanmoins colonisé tous les types de milieu naturel, à l'exception du milieu marin.

L'objet de cet ouvrage est de rappeler les caractéristiques biologiques des Insectes, en soulignant les particularités qui leur confèrent un tel pouvoir colonisateur, puis d'exposer, à partir d'exemples choisis dans les domaines agronomiques, vétérinaires et médicaux, les bases d'une stratégie permettant à l'homme de vivre en bonne intelligence avec eux.

Fourmi.
Photographie
au microscope électronique.
Variations autour d'un type :
le masque d'une fourmi.
Rêve ou réalité ?

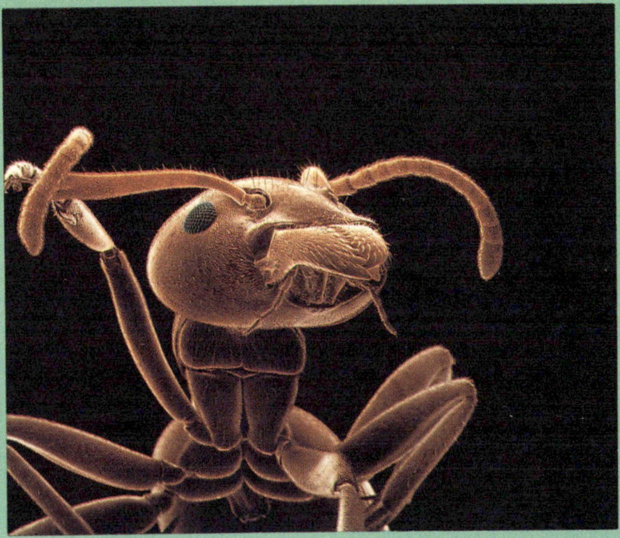

Variations autour d'un type

Une organisation primitive

Nul n'ignore le monde des Insectes et La Fontaine en a fait les acteurs de l'une de ses fables les plus connues; en revanche, chacun bute sur la difficulté d'en faire une description représentative, tant la diversité des formes, du papillon à la coccinelle, ou de la chenille au moustique, rend l'entreprise délicate. Aussi convient-il de laisser s'exprimer les entomologistes, même si leur langage spécialisé a parfois de quoi rebuter le lecteur.

Identité : Insecte

La classe des Insectes appartient à l'embranchement des Arthropodes*, constitué d'animaux à symétrie bilatérale et à corps segmenté portant des appendices pairs et généralement pluri-articulés, à squelette externe (ou tégument* rigide) caractérisé par la présence d'un polysaccharide* de soutien (ou chitine*), induisant une croissance discontinue.

Outre les Insectes, cet embranchement des Arthropodes réunit également les Arachnides*, les Crustacés et les Myriapodes*. Les Arachnides se distinguent des trois autres classes par leurs pièces buccales terminées en pinces ou en crochets, les chélicères*, et par une paire de pattes mâchoires. Les Crustacés possèdent au contraire une paire de mandibules, deux paires d'antennes et une respiration branchiale, les Insectes et les Myriapodes sont dotés d'une seule paire d'antennes et d'une respiration aérienne, au travers d'un appareil trachéen. Les Myriapodes ont également un grand nombre de paires d'appendices locomoteurs, à l'exemple du mille-pattes, alors que les Insectes n'en possèdent que trois paires.

Tous ces animaux sont démunis de squelette interne, spécificité réservée aux Vertébrés. Leur musculature s'insère sur les parties les plus rigides de la cuticule* externe, la liberté des mouvements étant assurée par des membranes souples entre les différents segments, membranes qui jouent donc le rôle d'articulations.

Le corps d'un Insecte résulte de la juxtaposition longitudinale d'éléments ou de segments identiques, les métamères*, suivant une organisation commune à tous les Arthropodes. De ce fait, on observe une répartition périodique des organes ou des fragments d'organes. Ainsi chaque métamère est traversé par le tube digestif, le vaisseau dorsal et la chaîne nerveuse ventrale représentée par une paire de ganglions. Ces métamères sont plus ou moins fusionnés entre eux, ce qui permet d'identifier trois parties distinctes dans le corps de l'animal :

– la tête résulte de la fusion de six métamères ; elle porte essentiellement les pièces buccales, souvent

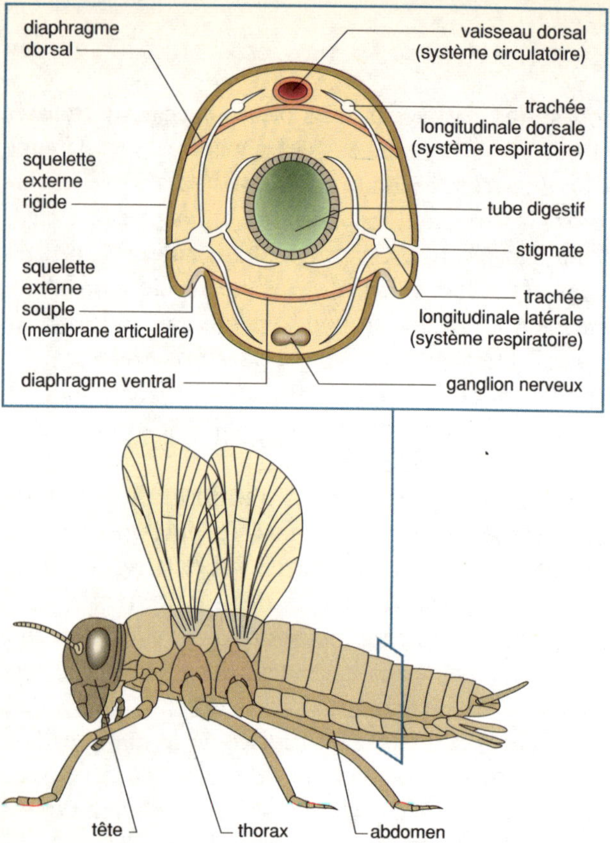

Morphologie d'un Insecte.
On distingue trois parties constituées de métamères fusionnés (pour la tête) ou juxtaposés (pour le thorax et l'abdomen). La coupe transversale d'un métamère, représentée ci-dessus, met en évidence la structure type, semblable pour chaque métamère. Cette structure comporte un squelette externe et les éléments des principaux appareils fonctionnels : appareils digestif, respiratoire et nerveux. Des différentiations secondaires assurent la formation des pièces buccales, des antennes et des yeux, des pattes et des ailes, des organes sexuels...

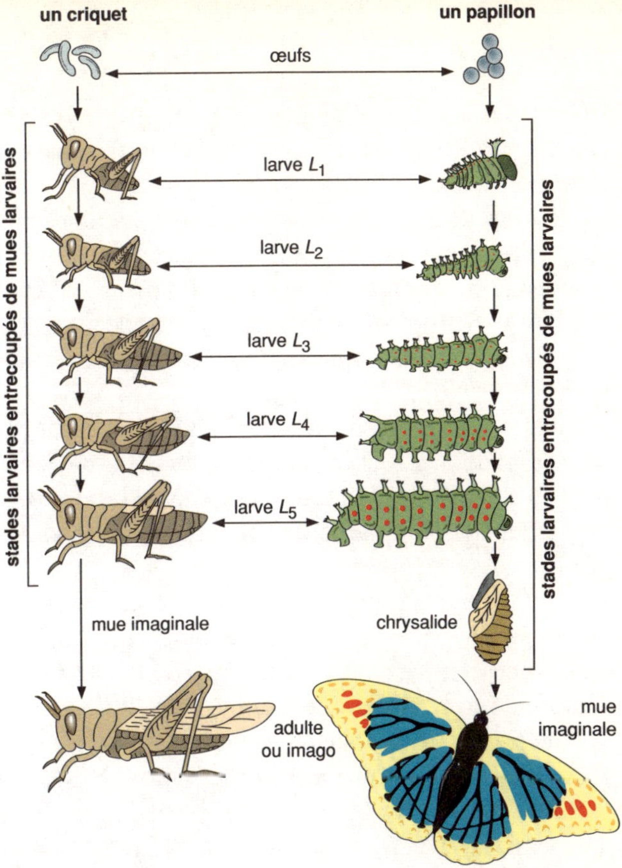

Développement post-embryonnaire d'un Insecte.
Ce schéma permet de comparer le développement à métamorphose incomplète d'un criquet, dont les larves ressemblent à l'adulte, et celui à métamorphose complète d'un papillon.
Dans le cas du papillon, la dernière mue larvaire donne une chrysalide qui seule possède les ébauches d'ailes, de pattes et d'antennes.
C'est la mue imaginale qui assure la métamorphose de la chrysalide en papillon.

adaptées à un régime alimentaire particulier, et des organes sensoriels, tels que yeux simples et composés, antennes et soies ;
– le thorax, composé de trois métamères, a une fonction essentiellement locomotrice, avec une paire d'appendices ventraux par segment, les pattes, et, chez la majorité des ordres, deux paires d'expansions membraneuses, les ailes, sur les deux métamères postérieurs ;
– l'abdomen comprend douze métamères et renferme les appareils digestifs et reproducteurs. La morphologie des derniers métamères abdominaux est souvent profondément modifiée, chez les formes adultes, par la présence des organes sexuels.

Cette organisation morphologique, à l'intérieur d'un squelette externe semi-rigide, ne permet pas une croissance continue de l'organisme, de l'éclosion de l'œuf à la forme adulte. Périodiquement l'Insecte doit se débarrasser de ce squelette externe peu extensible : le tégument se fend dorsalement suivant une ligne de moindre résistance, libérant l'animal déjà recouvert d'un nouveau tégument encore souple, juste le temps nécessaire pour acquérir une dimension supérieure à la taille précédente. C'est le phénomène de mue, l'intervalle entre deux mues successives définissant un stade de développement.

On distingue ainsi des stades larvaires, séparés par des mues larvaires, au cours desquelles l'Insecte grandit sans changer de forme, et une forme adulte, celle dite de l'Insecte parfait ou imago*, issue de la mue imaginale*. Les transformations morphologiques, anatomiques et physiologiques sont d'une telle importance au cours de cette mue imaginale qu'on la dénomme également métamorphose.

Le déclenchement des processus de mue ainsi que la nature de celle-ci (larvaire ou imaginale) sont sous la dépendance d'un processus de régulation endocrine complexe. Une hormone cérébrale déclenche indirectement le phénomène de mue en agissant sur une glande endocrine située dans le thorax de l'Insecte.

Le caractère larvaire de la mue est déterminé par une autre hormone, dite justement hormone juvénile. Lorsque les cellules larvaires sont soumises à l'action de l'hormone de mue, en présence d'une forte quantité d'hormone juvénile, le nouveau tégument reste de type larvaire; en revanche, en l'absence de cette hormone juvénile, un tégument présentant les caractères imaginaux apparaît.

Pendant des siècles, le phénomène des métamorphoses a intrigué les observateurs, au point de susciter les interprétations les plus erronées ; aujourd'hui, si le phénomène est bien compris, il suscite toujours l'émerveillement, en particulier quand on a l'occasion d'apprécier les différentes étapes de la mue imaginale, la plus spectaculaire, grâce aux prises de vue macrocinématographiques. Pourtant, même pour des spécialistes, il n'est pas toujours aisé d'établir le lien entre formes larvaires et adultes, les clés d'identification ayant été élaborées le plus souvent uniquement à partir des Insectes parfaits. On sait que le gros ver blanc de nos jardins se transformera en hanneton au printemps, mais fait-on aussi facilement le lien entre la

Larve de coccinelle.
Cette larve de coccinelle à sept points dévore un puceron.
Ph. © Jacques Six.

coccinelle, dont on a fait le symbole des Insectes utiles, et sa larve, qui a un aspect tout à fait différent ?

Chez ces Insectes, dits à métamorphose complète, la morphologie et le mode de vie des larves et des adultes sont en effet souvent très dissemblables. Les ébauches des organes adultes sont cependant présentes chez les larves, mais sous la forme d'amas cellulaires ou de disques imaginaux. C'est en particulier le cas des bourgeons internes, qui donneront les ailes. Le dernier stade larvaire produit une forme intermédiaire, chrysalide, pupe ou nymphe, qui porte des ébauches externes d'ailes, de pattes, d'antennes et d'yeux.

A l'inverse, les Insectes primitifs, tels que les blattes, se développent sans métamorphose véritable, la larve ayant une forme assez semblable à celle de l'adulte. Des ébauches d'ailes sont présentes dès le premier stade larvaire et s'allongent après chaque mue. Corrélativement au développement progressif des caractères imaginaux, on observe une régression également progressive des caractères larvaires au cours des mues. Ce sont donc des Insectes à métamorphose progressive ou incomplète.

Chez d'autres Insectes relativement primitifs, tels que les libellules et les éphémères, les larves ont une morphologie et un mode de vie tout à fait différents de ceux de l'adulte. Quoique munies de leurs ébauches d'ailes, ces larves sont aquatiques et possèdent des trachéo-branchies, des pattes et des pièces buccales à la morphologie adaptée à la capture et à la consommation de proies. La dernière mue larvaire assure donc un remaniement complet du corps.

Chez les Insectes à métamorphose progressive ou incomplète, l'arrêt de la sécrétion d'hormone juvénile au dernier stade larvaire permet le développement d'une mue imaginale ; par contre, chez les Insectes à métamorphose complète, la présence d'hormone juvénile à faible dose, au dernier stade larvaire, est responsable du caractère nymphal du tégument produit à la mue suivante. L'absence de cette hormone juvénile pendant le stade nymphal permet alors la mue imaginale, qui donne l'Insecte parfait ou imago.

Age : trois cents millions d'années

Les caractéristiques biologiques s'ajoutent aux critères morphologiques pour structurer la classification des Insectes en ordres, familles, genres et espèces.

La classification des Insectes suit la nomenclature internationale, qui confère à la notion d'espèce une place fondamentale. On rassemble sous un même nom d'espèce les organismes qui sont capables de se reproduire naturellement entre eux ; ils constituent de ce fait une communauté isolée des autres êtres vivants. Les espèces ayant des caractères communs sont regroupées en un même genre. Les genres, qui, à leur tour, présentent des particularités communes, sont réunis en une même famille, une ou plusieurs familles possédant des caractères communs constituant un ordre. Les ordres eux-mêmes sont regroupés en classes, telle la classe des Insectes. Des subdivisions peuvent être introduites entre ces différentes catégories (sous-ordres, sous-familles, sous-espèces).

L'étude moderne des êtres vivants dans leur milieu conduit à prendre comme centre d'intérêt l'ensemble des individus d'une même espèce occupant un même espace. On parle alors de population.

La connaissance intime du vivant met aujourd'hui à la disposition de l'expérimentateur des techniques élaborées lui permettant de caractériser par des voies biochimiques ou moléculaires de telles populations, et même de suivre leurs éventuels échanges de gènes. C'est en particulier le cas pour les gènes de résistance aux insecticides, dont la propagation est un obstacle sérieux au succès des techniques de lutte contre les nuisibles.

Le critère de classification fondamental des Insectes est la morphologie de l'aile et tout particulièrement sa nervation*, car nombre d'espèces fossiles ne nous sont connues que par leurs empreintes alaires. C'est pourquoi la dénomination des ordres reprend le suffixe -ptère, du grec *pteron* – aile –, comme dans Diptère pour les mouches à deux ailes, Lépidoptères pour les papillons à ailes écailleuses... L'étude comparée de cette nervation a en effet révélé qu'elle s'ordonne toujours autour d'un même type structural. L'évolution des Insectes a été marquée par la réduction de cette nervation et l'acquisition d'une plus grande mobilité articulaire. Les formes les plus primitives du Carbonifère ont des ailes étalées dans un plan horizontal, comme chez les grosses libellules actuelles (Odonates). Les formes plus évoluées ont acquis la possibilité de replier leurs ailes vers l'arrière ; les ailes antérieures tendent de plus à s'épaissir et à devenir rigides, recouvrant au repos les ailes postérieures membraneuses et à surface portante accrue. Une évolution régressive porte autant sur la transformation des ailes antérieures en élytres*, ou étuis protecteurs des ailes postérieures, que sur la simplification de la nervation de celles-ci. Les Diptères, représentés par exemple par les mouches, sont un cas extrême d'évolution par la réduction de leurs ailes postérieures à de simples balanciers.

Les Insectes primitifs, emprisonnés dans l'ambre de la Baltique, constituent un matériel d'étude de choix ; mais ce matériel est, somme toute, relativement récent, puisque daté de l'Oligocène*, au milieu de l'ère tertiaire. On connaît, en effet, des fossiles beaucoup plus anciens, provenant de terrains du Dévonien* et du Carbonifère, soit du milieu de l'ère primaire, il y a environ deux cent cinquante à trois cent cinquante millions d'années.

Il est remarquable de constater que la faune actuelle des Insectes compte des formes très voisines de ces formes primitives, tels les minuscules collemboles* dépourvus d'ailes qui pullulent dans le sol. Les premières formes connues d'Arthropodes étaient des formes marines, tels les Trilobites* et les Gigantostracés*, à respiration branchiale. Il semble qu'elles se soient différenciées dans les zones littorales et qu'elles soient parties à la conquête des terres émergées au début du Dévonien, simultanément au développement de la flore terrestre. Les déplacements sur la terre ferme impliquèrent une adaptation fonctionnelle des appendices préexistants, le remplacement du système respiratoire branchial par un appareil trachéen constitué de tubes aérifères ou trachées, qui véhiculent directement l'air aux organes et aux tissus sans l'intermédiaire du sang. Cette évolution se traduisit par l'acquisition, remarquable dans le règne animal, de l'aptitude au vol. Les Insectes atteignirent ainsi leur plein développement au Carbonifère, dans un climat chaud et humide, et connaissent un développement continu depuis lors.

La diversité des formes et des mœurs des Insectes suit alors l'évolution du monde végétal, la diversification des régimes alimentaires étant liée au phénomène de métamorphose puisqu'il est fréquent que les larves ne colonisent pas le même habitat que l'Insecte parfait. La pression sélective du milieu environnant s'exerce de ce fait différemment sur les formes larvaires et adultes, et accroît les capacités d'adaptation d'une même espèce, permettant l'exploitation de chaînes alimentaires différentes.

Le phénomène de coévolution est particulièrement bien illustré par les associations entre plantes et Insectes. Cependant, rien ne prouve que les modifications adaptatives observées chez l'un des partenaires soient la résultante de la pression de sélection exercée par l'autre partenaire. C'est pourquoi l'étude des processus coévolutifs est passée du stade de la morphologie descriptive à celui de la génétique des relations entre partenaires.

L'existence de sélections génétiques successives a en effet été démontrée dans certaines associations entre les plantes cultivées et leurs parasites. Ainsi, la résistance du blé à la mouche de Hesse est liée à la production d'un facteur toxique par la plante, mais il existe des populations de cette mouche qui possèdent l'enzyme permettant la détoxication de ce facteur.

Des études du même type ont été conduites sur des couples hôte-parasite, tels que la mouche du vinaigre ou *Drosophila melanogaster* et l'un de ses parasites, l'Hyménoptère* entomophage* *Leptopilina boulardi*. La comparaison des performances de cette association, à partir de matériels biologiques provenant de diverses zones géographiques, révèle que le parasitisme est fréquent et n'occasionne qu'une mortalité à long terme de l'hôte lorsque les partenaires proviennent de la même aire géographique. A l'inverse, une mortalité précoce et élevée de l'hôte caractérise des associations d'espèces prélevées dans des aires distinctes, ce qui correspond à une forte incompatibilité entre les partenaires. Ces observations plaident en faveur d'une coévolution des patrimoines héréditaires des deux espèces, quand elles vivent dans la même aire géographique.

Les applications agronomiques de cette propriété seront développées dans la seconde partie de l'ouvrage, consacrée à la lutte biologique.

Une adaptation remarquable

On s'est souvent étonné des performances physiques des Insectes comparées à celles de l'homme. Qu'il s'agisse en effet de survie dans des conditions climatiques défavorables, de résistance à l'effort, de puissance musculaire, la comparaison nous est souvent défavorable. Citons, à titre d'exemple, les vols transatlantiques de criquets, portés sans doute par les alizés, le butinage incessant des abeilles tant que les conditions thermiques leur sont favorables, les charges transportées par les fourmis ou tout simplement l'ampleur du saut de la puce ; toutes ces performances impressionnent. Citons également l'expérience devenue classique de J. H. Fabre sur les chenilles processionnaires : intrigué par le comportement de ces Insectes, qui se déplacent effectivement en procession continue, l'un derrière l'autre, il chercha longtemps à mettre en évidence le rôle prédominant du présumé chef de file. Il observa finalement qu'il est aisé d'amener ces chenilles à se déplacer en circuit fermé, en assurant simplement le contact entre le chef de file et le dernier de la caravane. Grâce à cet artifice, un anneau vivant de chenilles parcourut cinq jours durant la piste circulaire constituée par l'ouverture d'un large vase en terre cuite...

Quelles performances !

Les Insectes ne sont pourtant pas dotés d'un système musculaire différent de celui des autres animaux. Leur puissance musculaire, rapportée à leur taille et à leur poids, joue cependant à leur avantage. De plus, une meilleure exploitation des possibilités de la fibre musculaire est assurée grâce aux larges surfaces d'insertion musculaire que permet le squelette externe, grâce au très grand nombre de muscles, bien supérieur à celui de l'homme, et surtout grâce à une innervation plus différenciée que la nôtre.

Des dispositifs anatomiques particuliers accroissent encore les performances des Insectes. Ainsi, la longueur du saut de la puce, de 30 à 35 cm, représente environ cent fois la taille de l'Insecte. Cet exploit est rendu possible grâce à la mise en œuvre d'un mécanisme de mise sous tension, comparable à celui utilisé pour la construction des catapultes ; la sauterelle utilise d'ailleurs un procédé analogue. Quant aux cadences très élevées du battement des ailes des mouches (deux cents à mille battements par seconde), elles ne pourraient pas être déclenchées par l'influx nerveux normal et sont obtenues grâce à des déformations élastiques du squelette thoracique et à une contraction auto-entretenue des muscles du vol.

De même, la comparaison de la consommation d'oxygène entre l'Insecte au repos et celui maintenu expérimentalement en vol met en évidence des différences très importantes, pouvant atteindre un facteur cent, alors que chez un athlète ce rapport est approximativement cinq fois plus faible.

On observe ainsi que, lorsqu'un criquet est maintenu artificiellement en vol, l'équivalent de deux cent cinquante litres d'air par kilogramme de poids vif circulent chaque heure dans son corps, alors qu'au repos le flux n'est que d'environ quarante litres par heure. L'apport d'oxygène aux muscles est en outre optimisé par une ramification très fine des petites trachées, ou trachéoles*, jusqu'aux fibres musculaires elles-mêmes. Celles-ci possèdent de plus de nombreuses mitochondries* de taille exceptionnelle, les sarcosomes*, qui représentent à eux seuls près de 40 % de la masse musculaire et permettent des échanges respiratoires localisés très performants. En effet, ces organites cellulaires ont en particulier la propriété d'être le réservoir d'énergie de la cellule et de jouer un rôle essentiel dans tous les phénomènes d'oxydation.

Une telle ventilation, associée à la transpiration et à l'excrétion, présente le risque d'une rapide perte en eau et pose un problème de résistance. Outre les adaptations morphologiques des orifices tégumentaires des trachées ou stigmates, observées chez les Insectes des régions désertiques, l'économie d'eau est essentiellement assurée au cours du processus final de la digestion. Les Insectes vivant dans les denrées stockées ou dans les silos à grain offrent des exemples d'une adaptation extrême à la sécheresse : ils produisent une eau, dénommée eau métabolique, par oxydation de leurs réserves. Ainsi, jusqu'à 95 % des besoins en eau de la teigne de la farine sont assurés par oxydation de l'amidon. Les besoins en eau sont également assurés par l'hydrolyse réversible des lipides du corps gras stockés sous la forme de triglycérides.

La résistance des Insectes aux basses températures est forte, mais peu nombreux sont ceux qui peuvent supporter le gel de leurs tissus. Cependant, le glycérol présent dans le sang des Insectes jouant le rôle d'antigel, la plupart d'entre eux supportent des températures inférieures à leur point de congélation, pouvant aller jusqu'à – 20 °C, parfois même moins.

Quel appétit!

Les régimes alimentaires des Insectes sont extrêmement variés, ce qui leur permet d'exploiter efficacement la plupart des ressources. Comme pour les autres caractères biologiques, les exigences alimentaires sont souvent étroites, de telle sorte qu'on dénombre relativement peu de formes omnivores, sauf chez les blattes, les fourmis et les guêpes. Au contraire, la plupart des espèces consomment soit des matières végétales (espèces phytophages*), soit des matières animales (espèces carnivores), soit encore et surtout des matières vivantes en cours de décomposition (espèces saprophages*). Certaines espèces ont des régimes alimentaires très spécialisés, comme la teigne des ruches qui consomme uniquement de la cire, ou encore la teigne des vêtements ou mite qui se nourrit de kératine, constituant principal des poils et des plumes.

On n'oubliera pas que les formes larvaires ont généralement une biologie différente des formes adultes, particularité qui s'exprime évidemment au niveau des exigences alimentaires : la larve du moustique est aquatique et saprophage, alors que l'adulte femelle est aérien et se nourrit de sang.

La phytophagie est le type alimentaire fondamental. Toutes les parties d'une plante peuvent être consommées, des racines à la graine, mais généralement par des Insectes différents. L'inventaire de la faune du chêne montre, par exemple, que plusieurs centaines d'espèces d'Insectes sont associées à cette essence.

La saprophagie contribue d'une manière très importante au recyclage des matières organiques en substances assimilables par les plantes. Le plus souvent, des larves de Coléoptères* ou de Diptères*, dont on a trop tendance à négliger le rôle, en sont responsables. Il a pourtant été nécessaire d'introduire en Australie, dont on connaît les particularités de la faune et de la flore en raison de son insularité, plusieurs espèces de Bousiers destinées à assurer la transformation des fèces de bovins dans les pâturages. Une gestion raisonnée de la biosphère devrait obligatoirement prendre en considération l'impact des activités humaines sur l'ensemble de la faune des détritiphages*, au risque d'assister, impuissant, à une dérive du fonctionnement des écosystèmes.

Les consommateurs du chêne.

Le chêne est réputé pour sa force et sa longévité… Il abrite pourtant tout un petit monde de consommateurs exigeants quant à la nature des mets qu'il leur offre : les feuilles ou les bourgeons pour les uns, les rameaux, le tronc ou même les racines pour les autres.

Différents types de pièces buccales.
Les pièces buccales des Insectes sont adaptées à leurs régimes alimentaires. On distingue ici la trompe d'un papillon, les mandibules d'un criquet, le rostre piqueur-suceur d'une punaise.
© Anne et Jacques Six, et Jacques Six pour la photo de punaise.

Les carnivores rassemblent les prédateurs et les parasites. Les prédateurs, mangeurs de chair fraîche, consomment surtout d'autres Insectes, voire des Gastéropodes*. Certains sont polyphages*, comme les larves aquatiques de libellules ou la bien connue mante religieuse. Beaucoup d'autres s'attaquent à des proies bien précises, telle la coccinelle, féroce consommatrice de pucerons, tant au stade larvaire qu'au stade adulte : la coccinelle à sept points, *Coccinella septempunctata*, consomme ainsi quotidiennement environ deux cent cinquante pucerons, ce qui en fait une aide appréciée des jardiniers. La chasse s'effectue à l'affût ou à la course, suivant des comportements particuliers mettant en œuvre un équipement sensoriel perfectionné.

Les parasites vivent aux dépens de Vertébrés, comme l'homme, ou d'autres Insectes. La plupart sont des ectoparasites, ou parasites externes, et se nourrissent essentiellement de sang (espèces hématophages). Ils sont souvent les vecteurs de maladies infectieuses et parasitaires très graves. On dénombre ainsi une centaine d'arbovirus (pour *ar*thropod-*bo*rne *virus*, ou virus transporté par les Arthropodes), transmis par différents Diptères.

Les endoparasites* de Vertébrés, ou parasites internes, sont moins nombreux, mais ils peuvent être la cause de nuisances et de pertes économiques considérables. Un exemple très spectaculaire nous en a été donné récemment par l'introduction accidentelle en Libye de la mouche du bétail d'origine américaine, ou Lucilie bouchère, *Cochliomyia hominivorax*, dont les femelles pondent dans n'importe quel type de plaie ou d'écorchure des animaux vivants à sang chaud, y compris l'homme. Les plaies qui attirent les premières infestations sont les plaies ombilicales, mais aussi celles causées par le décornage, la castration, la tonte ou les clôtures en fil de fer barbelé. Les asticots dévorent la chair des animaux vivants ; la plaie s'agrandit et attire d'autres mouches, ce qui aggrave le phénomène et peut provoquer la mort de l'animal. Des taux de mortalité atteignant 20 % des animaux infestés ont été observés en Amérique, où cette mouche vit à l'état endémique.

Les Insectes parasites d'Insectes, ou Insectes entomophages, sont extrêmement nombreux. Ce sont leurs formes larvaires qui sont parasites, externes ou internes, les formes adultes étant libres. On observe fréquemment des formes de parasitisme secondaire, ou hyperparasitisme, le parasite primaire installé sur ou dans l'hôte étant à son tour parasité par un autre parasite, dit secondaire. Dans le cas de la lutte contre un Insecte nuisible, il convient de tenir compte de ce phénomène, qui est de nature à réduire l'effet positif attendu du parasitisme primaire.

Des régimes alimentaires aussi variés impliquent des pièces buccales adaptées et une organisation fonctionnelle du tube digestif. Le type broyeur est le plus primitif ; il est adapté à la consommation d'aliments solides et représenté par la blatte ou le criquet, mais aussi par les larves de nombre d'Insectes plus évolués, comme les chenilles. Le type broyeur-lécheur est lié à l'absorption de liquides tels que le nectar des fleurs, tout en permettant la mastication d'aliments solides. Des modifications morphologiques des pièces buccales assurent la formation d'une « langue », munie d'une gouttière capillaire permettant le pompage des liquides. L'exemple le plus réussi est celui de l'abeille, dont les mandibules ne servent plus qu'au malaxage de la cire. Cette fonction masticatrice a complètement disparu dans le type suceur, suivant des variantes différentes chez les Lépidoptères* et les Diptères. En effet, chez les papillons, les mâchoires sont allongées démesurément, creusées en gouttière sur la face interne et accolées dans le plan médian pour délimiter un tube ou trompe. Associée à un appareil de pompage, la trompe permet à l'Insecte d'aspirer le nectar des fleurs à corolle profonde. Au contraire, chez les Diptères, c'est la lèvre inférieure, dilatée en un large plateau percé de multiples orifices, qui permet l'absorption des liquides. Moustiques, pucerons et punaises disposent d'un appareil buccal de type piqueur-suceur, permettant l'accès aux liquides nutritifs des animaux ou des plantes, sang ou sève. On notera que, chez les moustiques, les mâles ne piquent pas et se nourrissent uniquement de nectar.

A une telle diversité des aliments ingérés correspondent des équipements enzymatiques adaptés, ainsi que le montrent les études pratiquées chez les Insectes à métamorphose complète, contraints à un changement de régime alimentaire après le passage de la forme larvaire à la forme adulte. Des micro-organismes peuvent être directement ou indirectement associés à la digestion, par exemple chez les Insectes xylophages* (consommateurs de bois), pour la fourniture de cellulase. Chez les termites primitifs, ce sont des Protozoaires* flagellés du tube digestif qui jouent ce rôle. Ils peuvent même compenser certaines insuffisances du régime alimentaire par la fourniture d'acides aminés particuliers.

Des élevages réalisés en l'absence de tout organisme ou micro-organisme vivant associé, et avec une alimentation définie chimiquement, permettent d'évaluer les besoins nutritionnels des Insectes. Les dix acides aminés indispensables aux Vertébrés le sont également aux Insectes. Les sucres à six atomes de carbone ou hexoses* sont utilisés préférentiellement aux pentoses*. Les lipides représentent la principale forme de stockage énergétique, mais certaines espèces ne peuvent synthétiser les acides linolénique et linoléique*, qui doivent donc être apportés par les aliments. Par contre, tous les Insectes dépendent d'une source extérieure d'alcools à noyau cyclique tels que les stérols*, indispensables à une croissance et à une reproduction normales. En général, ils utilisent à cet effet des stérols proches du cholestérol, qui ont un rôle structural et sont indispensables à la synthèse des hormones.

Quelle santé !

Outre ces caractéristiques physiques et physiologiques, qui leur permettent de coloniser tous les milieux, les Insectes ont la possibilité d'échapper à des conditions trop défavorables, soit en se déplaçant vers des régions plus accueillantes, soit en arrêtant leur développement selon deux modes possibles : la quiescence* et la diapause*. La quiescence est induite directement par des conditions défavorables du milieu, telles que des températures basses, un développement normal reprenant dès le retour à des conditions favorables. La diapause est au contraire un mécanisme physiologique sous contrôle endocrinien, où le développement ne reprend pas immédiatement après le retour à des conditions favorables.

Il est établi que la diapause larvaire ou imaginale résulte de l'arrêt de fonctionnement du système neuro-endocrinien. Le mécanisme hormonal est le même que celui qui contrôle la mue. L'activité des larves en diapause est considérablement limitée ; on observe cependant, chez certaines espèces, une alimentation réduite. Chez les adultes en diapause, la reproduction est arrêtée et le comportement modifié. Ainsi, les adultes de doryphore* cessent de s'alimenter et s'enfouissent dans le sol ; leurs muscles alaires dégénèrent et leur activité sexuelle cesse. Dans des cas tout à fait particuliers, la diapause imaginale n'affecte que l'un des sexes, la femelle du criquet *Anacridium aegyptium*, par exemple.

L'exemple de la chenille processionnaire du pin permet, encore une fois, d'illustrer ces mécanismes originaux : son cycle de développement annuel commence avec la ponte pendant l'été et se poursuit, sous la forme larvaire, jusqu'au printemps, époque où les processions au sol signalent la recherche d'un site favorable à l'enfouissement, la dernière mue larvaire et la mue imaginale se produisant dans le sol. Pendant l'hiver les chenilles peuvent donc entrer momentanément en quiescence si les températures deviennent trop rigoureuses ; on observe aussi que les chenilles enfouies dans le sol au printemps interrompent leur développement sous la forme de chrysalides*, à l'état de diapause. La plus grande partie d'entre elles reprennent une activité physiologique environ un mois avant l'éclosion des papillons, en juillet ou en août, mais une faible part de la population reste une année, voire deux années supplémentaires dans le sol avant de donner naissance à des papillons. Ce mécanisme assure donc la survie de l'espèce, mais aussi un brassage génétique entre les générations.

Le déplacement des populations et plus encore leurs migrations sont également des moyens de coloniser de nouveaux biotopes ou d'échapper à des conditions défavorables. Ces phénomènes sont l'apanage des « bons voiliers », soit qu'ils se laissent porter par les vents dominants, soit qu'ils suivent une direction déterminée. On classera les formes ailées des pucerons parmi les premiers, certains papillons comme les noctuelles parmi les seconds. Ne cite-t-on pas en effet les vols massifs de ces papillons au travers des cols alpins ? On n'omettra pas de signaler cependant que des chenilles, telle celle de la noctuelle *Mythimna unipuncta*, peuvent être également concernées par des effets de groupe qui se traduisent par des déplacements orientés sur une même ligne de front, d'un champ à un autre, selon un déterminisme qui nous échappe, et occasionnent des dégâts tels aux cultures qu'ils ont pu être comparés à ceux provoqués par des bandes de criquets.

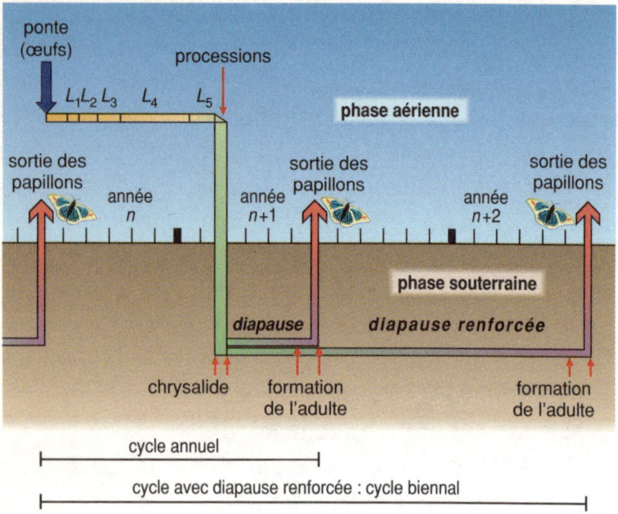

L'incidence du phénomène de diapause.
La chenille processionnaire du pin a un cycle de développement annuel ou biannuel : les chenilles écloses pendant l'été ont une vie aérienne sur les arbres dont elles consomment les aiguilles jusqu'au printemps de l'année suivante.
Elles s'enfouissent alors dans le sol et s'y transforment en chrysalides.
Elles y subissent un arrêt de développement ou diapause, de courte durée, les vols de papillons ayant lieu dès le mois de juillet.
Un pourcentage réduit de ces chrysalides échappe cependant à ce cycle annuel de développement : elles subissent en effet une diapause prolongée dans le sol durant une année supplémentaire.
En juillet de chaque année, les vols de papillons sont donc constitués d'un mélange d'individus appartenant aux générations écloses des deux années précédentes.

Chenilles processionnaires du pin.
Cette procession de chenilles du pin chemine sur le sol avant l'enfouissement et l'arrêt de développement à l'état de chrysalide.
Ph. © Jean-Marie Prevot.

Percevoir et se multiplier

L'art de la communication

Les biologistes se sont particulièrement intéressés aux organes des sens des Insectes, notamment à leurs yeux composés, structure commune à tous les Arthropodes. Ils sont en effet constitués de la juxtaposition d'un grand nombre d'éléments visuels identiques, ou ommatidies*, chacune d'entre elles possédant cornée, cristallin et cellules rétiniennes. Ces yeux à facettes sont très développés chez les libellules, qui peuvent compter jusqu'à près de trente mille ommatidies, mais leur pouvoir de résolution dépend plus de leur densité par unité de surface que de leur nombre, aussi conséquent soit-il.

En fait, l'acuité visuelle des Insectes est relativement faible et très dépendante de la luminosité. On sait pourtant que de nombreuses espèces ont une activité crépusculaire. C'est le cas, par exemple, du hanneton commun, dont les vols alimentaires et de ponte, entre les prairies naturelles et les lisières forestières, sont orientés en fonction de l'intensité de la lumière polarisée, réfléchie par la voûte céleste. L'Insecte peut ainsi exploiter des repères d'orientation extraterrestres, ainsi que cela a été élégamment démontré chez l'abeille à la recherche de zones de butinage.

On sait, en outre, dans ce cas très particulier, que la butineuse peut transmettre à ses congénères les « coordonnées géographiques » de tels sites par un comportement spécifique, en l'occurrence une danse dite « en huit », dont l'axe fait un angle avec la verticale, angle variable avec la position du soleil mais toujours égal à l'angle des deux directions maîtresses : « ruche – source de nectar » d'une part, « ruche – position du soleil » d'autre part. Cette information est complétée par un rythme plus ou moins accéléré de la danse, d'autant plus lent que la distance à parcourir est grande.

A défaut d'une grande acuité visuelle, ces yeux sont bien adaptés à la vision en mouvement, surtout chez les Insectes à vol rapide tels que les abeilles ou les libellules. Ces « bons voiliers » sont ainsi bien équipés pour voir le paysage qui se déroule autour d'eux, même si d'une façon générale les Insectes doivent être considérés comme myopes et relativement peu sensibles aux couleurs. En revanche, leur sensibilité aux diverses longueurs d'onde du spectre lumineux est différente de celle de l'homme : s'ils perçoivent l'ultraviolet, ils sont souvent aveugles au rouge. Au total, leur perception colorée du monde qui les entoure est certainement différente de la nôtre. On retiendra en particulier leur perception de la lumière ultraviolette ; cette propriété est utilisée pour la constitution de pièges lumineux, et elle explique aussi leur comportement : la lumière du ciel étant la source principale de rayonnement ultraviolet, ils reçoivent l'image d'un espace ouvert favorable au vol.

Les Insectes ont une sensibilité auditive très étendue, souvent bien supérieure à celle de l'homme. Ainsi, les papillons nocturnes perçoivent les ultrasons et y répondent soit en accélérant leur vol, soit au contraire en se laissant tomber au sol, suivant un comportement qui a été interprété comme une réaction de défense contre les chauves-souris, un de leurs principaux prédateurs.

De nombreux Insectes possèdent des organes tympaniques développés, souvent disposés contre des dilatations du réseau de trachées qui assurent l'acheminement de l'air jusqu'aux cellules ; ces sacs trachéens jouent ainsi le rôle de caisses de résonance. A la différence des Vertébrés, les Insectes ne portent jamais ces organes sur la tête. Chez le grillon, ils sont localisés sur les tibias antérieurs, chez les sauterelles sur les côtés du premier métamère abdominal, chez la cigale sur le deuxième métamère abdominal...

Les Insectes communiquent entre eux par des signaux sonores faisant appel aux principes de la percussion, de la vibration et de la résonance. La percussion d'une partie du corps sur un support n'est pas l'apanage des espèces vivant au sein de substrats solides, comme les termites, ou mieux encore comme la vrillette, responsable du creusement de galeries dans les vieux meubles. Vibration et résonance sont le résultat de la mise en action d'organes émetteurs spéci-

Œil à facettes.
Photographie au microscope optique de la surface de l'œil composé d'une mouche. Chaque hexagone est la facette externe d'un œil élémentaire, ou ommatidie, qui envoie un signal optique au cerveau.
© Cosmos/Andrew Syred/Science Photo Library.

fiques, qu'il s'agisse tout simplement du frottement d'une partie du corps contre une autre ou de la déformation vibrée de cymbales constituées de plaques tégumentaires comparables à des peaux de tambour. Le chant des cigales est assuré par les déformations rythmées de ces cymbales, à raison de cent à six cents vibrations par seconde, alors que ceux des courtilières*, grillons, sauterelles et criquets résultent du frottement de structures tégumentaires modifiées en crête et jouant le rôle d'archets, sur des plages ou des peignes, localisés sur les élytres ou sur les cuisses et les élytres, l'émission sonore étant souvent renforcée par un amplificateur également d'origine tégumentaire.

Les récents progrès des connaissances et des techniques, tant en chimie fine qu'en neurobiologie, ont révélé le rôle prépondérant joué par la communication chimique à travers l'olfaction et, dans une moindre mesure, la gustation.

L'attention portée aux substances chimiques qui ont la propriété de modifier le comportement ou la physiologie des animaux, et en particulier des Insectes, s'est en effet sensiblement développée au cours de ces dernières années. On a été ainsi conduit à distinguer :
– d'une part, les substances allélochimiques* qui modifient le comportement des animaux appartenant à des espèces différentes, soit à l'avantage de l'individu qui les émet (par exemple, les sécrétions odorantes des fleurs qui attirent ainsi des Insectes pollinisateurs), soit au contraire à l'avantage de l'individu qui les reçoit (par exemple, les arômes des conifères dépérissants favorables au développement de Coléoptères xylophages) ;
– d'autre part, les phéromones*, émises et perçues par des individus de la même espèce (phéromones sexuelles, phéromones d'alarme, d'agrégation, de piste...). De telles molécules, à des concentrations extrêmement faibles, permettent la rencontre des sexes et expliquent les observations célèbres sur l'attraction à longue distance des papillons. Aujourd'hui, ce phénomène est exploité pour la défense des cultures, soit comme système d'avertissement de la présence d'un ravageur, soit comme technique de lutte

(confusion sexuelle, *cf.* p. 103) en empêchant la rencontre des sexes et donc la reproduction.

Comme chez les autres Invertébrés, les récepteurs sont des neurones sensoriels primaires, responsables à la fois de la réception de l'information et de sa transmission. Ces récepteurs, ou sensilles, sont souvent juxtaposés, mais ils ne forment jamais de tissu sensoriel. Ils ont généralement la forme d'une soie, mais peuvent être éventuellement profondément modifiés en plaques ou en cavités. Ils sont généralement concentrés sur les appendices : antennes, pattes et pièces buccales.

Les sensilles* olfactives sont nombreuses sur les antennes, qui sont souvent de formes différentes chez les deux sexes (dimorphisme sexuel), en particulier chez les espèces exploitant largement la communication chimique : ainsi, le mâle du bombyx du mûrier, dont la chenille est le ver à soie, possède de larges antennes pectinées (en forme de peigne), portant des rangées de soies olfactives. L'ensemble constitue un filtre moléculaire très efficace. Chez la femelle, au contraire, l'antenne est filiforme.

La perception d'autres composés chimiques, tels que les substances végétales, est assurée par des récepteurs dits généralistes, permettant la détection de proportions variables de molécules odorantes dans un mélange complexe. Elle détermine souvent le comportement de l'Insecte, en particulier vis-à-vis des substrats alimentaires.

La compréhension de tels mécanismes est nécessaire à l'élaboration d'une gestion raisonnée des populations aussi bien d'Insectes ravageurs des cultures que d'Insectes auxiliaires, tels que les pollinisateurs (*cf.* p. 76).

Ainsi, l'abeille fait la distinction entre de nombreuses odeurs florales, à des concentrations de dix à cent fois moins élevées que l'homme, et exprime des préférences pour la flore habituellement visitée et les espèces dont le nectar est exploité comme source d'aliments.

Des expériences de laboratoire montrent qu'il est aisé de conditionner l'abeille à certaines molécules. L'orientation à distance du doryphore est déterminée par les odeurs du feuillage des pommes de terre, alors que d'autres substances sont des répulsifs puissants (les substances phénoliques* et leurs dérivés, comme les tanins*, les composés terpénoïdiques*, comme le gossypol* des glandes subépidermiques du cotonnier, et surtout les alcaloïdes).

L'enjeu de la reproduction

Chez la plupart des espèces d'Insectes, la reproduction est de type sexué : les cellules germinales mâles et femelles sont produites par des individus différents et l'ovocyte se développe après fécondation par un spermatozoïde. L'hermaphrodisme est tout à fait exceptionnel. En revanche, la parthénogenèse*, ou développement d'un individu à partir d'un œuf non fécondé, est le mode habituel de reproduction de certains groupes. Les Insectes offrent en outre une modalité originale de reproduction par la polyembryonie, propre à certains Hyménoptères parasites et caracté-

Antennes.
Cette photo montre de façon très nette les antennes bipectinées d'un papillon, ici le papillon mâle Attacus atlas.
Ph. © Jacques Six.

risée par le développement de centaines d'embryons à partir d'un seul œuf.

Les Insectes pondent des œufs, et souvent en grand nombre ; ils sont dits ovipares. Dans de nombreux cas, ces œufs s'accumulent dans les oviductes, canaux reliant l'ovaire au vagin, avant d'être pondus en une seule fois. Ils sont souvent enduits de sécrétions diverses, destinées soit à permettre leur fixation sur le support de ponte, soit à assurer une protection renforcée par le dépôt d'écailles ou de poils urticants.

Il est assez rare que la ponte ait lieu au hasard ; le plus souvent, le comportement de ponte des femelles est favorable au futur développement des jeunes larves. Le cas des Insectes parasites est particulièrement représentatif à cet égard. Ainsi la femelle du bombylide *Villa brunnea* dépose-t-elle ses œufs, préalablement enrobés de sable fin, un à un et en plein vol sur les plages de sol recherchées par les chenilles processionnaires pour s'y enfouir. Dès leur éclosion, les jeunes larves parasites trouveront ainsi à proximité immédiate les proies permettant leur développement.

La fécondité des femelles des espèces solitaires est bien inférieure à celle observée chez les Insectes sociaux. Elle varie en moyenne entre quelques dizaines et quelques centaines d'œufs, voire exceptionnellement quelques milliers. Chez les termites supérieurs, comme les *Macrotermes natalensis*, la reine pond en moyenne trente mille œufs par jour et vit une dizaine d'années !

Le niveau des populations d'Insectes résulte, comme chez les autres êtres vivants, d'un équilibre entre natalité et mortalité. Pour qu'une population reste à un niveau stable, il suffit donc que deux individus seulement, un mâle et une femelle, survivent parmi toute la descendance d'une femelle, jusqu'au moment de la reproduction. Suivant ce raisonnement, quatre-vingt-dix-huit des descendants d'une femelle pondant cent œufs devraient donc périr.

Dans la pratique, on constate que les niveaux de populations ne restent pas stables et varient au contraire d'une génération à l'autre, en fonction des conditions climatiques, mais aussi de l'action des parasites, des prédateurs et des maladies qui jouent le rôle d'auxiliaires de l'homme pour les espèces nuisibles. Ces variations sont cependant régulées dans les milieux écologiquement en équilibre, riches en espèces animales et végétales. Les agrosystèmes*, ou écosystèmes consacrés à l'exploitation agricole, lorsqu'ils privilégient abusivement la monoculture, sont biologiquement instables et favorables à des explosions démographiques. Une situation analogue est observée dans les grandes forêts composées d'une seule essence, ainsi que dans les reboisements réalisés avec une seule variété.

La rencontre des sexes résulte le plus souvent de la reconnaissance de signaux chimiques mais aussi vibratoires, acoustiques ou même visuels. Selon les espèces, la transmission du sperme du mâle vers la femelle est parfois directe, parfois indirecte par l'intermédiaire d'un sac membraneux (le spermatophore) dans lequel les spermatozoïdes peuvent survivre plusieurs jours. La fécondation résulte alors d'un comportement particulier de la femelle. Chez les formes les plus évoluées, le spermatophore est déposé directement dans la bourse copulatrice de la femelle. La dissection de celle-ci permet aux entomologistes de déterminer le nombre d'accouplements d'une femelle par le dénombrement des spermatophores. C'est ainsi que la légende de la fécondation unique de la reine des abeilles au cours d'un vol nuptial a été finalement dénoncée.

Exceptionnellement, le sperme est déposé directement dans la spermathèque*, ou réceptacle séminal de la femelle, au cours d'un accouplement. Généralement les spermatozoïdes, mélangés à une sécrétion visqueuse émise par des glandes accessoires de la femelle, remontent seuls les voies génitales femelles jusqu'à la spermathèque. Ils peuvent d'ailleurs y séjourner longtemps avant de féconder les ovocytes, au moment de la descente de ces derniers le long des voies génitales.

Chez l'abeille, un appareil musculaire gouverne l'ouverture du canal spermathécal et détermine donc la fécondation des œufs, qui donneront des femelles; les ovocytes non fécondés se développent, par parthénogenèse, en mâles. Au total, le brassage génétique dans la ruche est important, même si la fonction reproductrice est confiée à un seul individu : les femelles sont en effet les filles de la reine, mais peuvent avoir pour père un des nombreux mâles qui l'ont fécondée ; elles sont donc sœurs ou demi-sœurs. Quant aux mâles, pourvus d'un seul jeu de chromosomes puisque résultant d'œufs non fécondés, ils ont l'ascendance soit du père, soit de la mère de la reine... Les risques de consanguinité sont ainsi réduits au sein de la ruche.

appareil reproducteur mâle d'un insecte

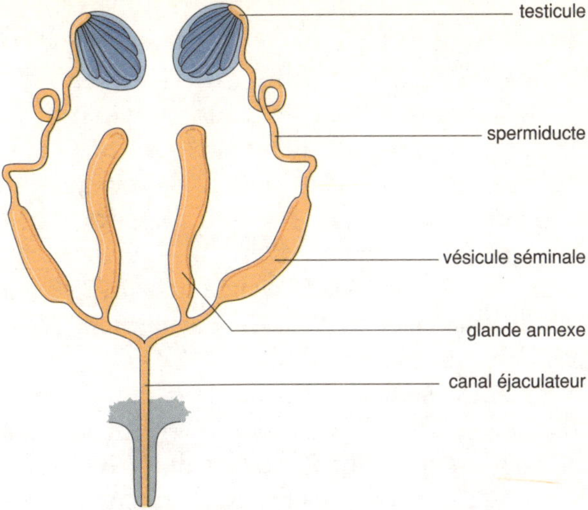

appareil reproducteur femelle d'un insecte

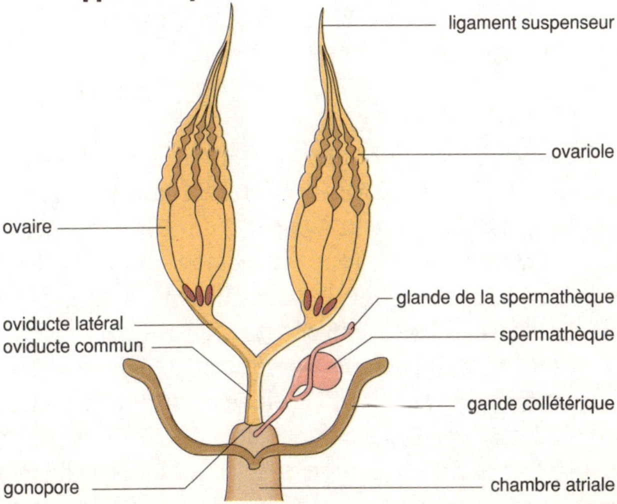

L'appareil génital. *Représentation schématique des appareils reproducteurs mâle et femelle d'un Insecte.*

Généralement les œufs sont pondus sitôt après leur fécondation ; le développement de l'embryon s'effectue donc en dehors de l'organisme maternel. Des formes de viviparité* apparente sont quelquefois observées. Il s'agit le plus souvent d'ovoviviparité*, à la suite de la rétention des œufs fécondés dans les voies génitales femelles. C'est ainsi que la mouche *Sarcophaga* dépose sur la viande non pas des œufs, mais de jeunes larves. On observe un phénomène semblable chez certaines blattes.

L'activité de ponte dépend de la durée de la vie imaginale. L'activité reproductrice est d'ailleurs interrompue lors de la manifestation du phénomène de diapause. La prise de nourriture est reconnue comme un facteur important du déclenchement de l'activité ovarienne, phénomène bien illustré par l'activation de la production de l'hormone nécessaire à la maturation des œufs, chez la femelle du moustique *Aedes aegypti*, après la prise d'un repas de sang.

En plus de la reproduction sexuée, les Insectes ont recours à la parthénogenèse, définie comme le développement d'un individu à partir d'un œuf non fécondé, phénomène sporadique, obligatoire ou éventuellement cyclique. Lorsque la parthénogenèse est exclusive, la descendance est constituée uniquement de femelles (parthénogenèse thélytoque). Quand elle est facultative, comme chez l'abeille, elle est dite arrhénotoque. La descendance compte alors des formes mâles. L'association de la reproduction sexuée à la parthénogenèse est souvent constatée chez les Insectes comme dans le règne végétal. On peut ainsi obtenir des formes haploïdes*, diploïdes* ou triploïdes* (à *n*, 2*n* ou 3*n* chromosomes), ayant souvent une répartition géographique différente, traduisant sans doute une capacité d'adaptation au milieu liée à l'état polyploïde. La polyploïdie a été particulièrement étudiée chez le ver à soie, *Bombyx mori*, en vue d'obtenir une meilleure économie de la production de soie, sans résultats probants d'ailleurs.

L'alternance de la reproduction biparentale et de la reproduction parthénogénétique, ou hétérogonie, est particulièrement observée chez les pucerons. Ce phénomène est obligatoire ou facultatif, son déterminisme étant lié, dans ce dernier cas, à la longueur du jour, à la température, mais aussi à la densité de la population. De ce fait, les cycles biologiques des pucerons sont souvent complexes, compte tenu du nombre de générations parthénogénétiques qui se succèdent et du passage de ces Insectes successivement sur différentes plantes hôtes.

L'œuf fécondé est pondu sur la plante hôte primaire, souvent ligneuse. Au printemps, il donne naissance à une fondatrice sans ailes, ou aptère*, parthénogénétique et vivipare. Des générations parthénogénétiques successives, ou virginopares*, colonisent cette plante hôte primaire, jusqu'à la formation de formes migrantes ailées qui assurent le passage de l'Insecte sur la plante hôte secondaire.

Sur celle-ci, des générations, à nouveau aptères et toujours parthénogénétiques, s'installent jusqu'à la fin de la belle saison, époque à laquelle apparaissent des femelles ailées, dites sexupares*, qui assurent le retour

Le puceron vert du rosier.
Ce puceron, Macrosiphum rosae, *assure son cycle de développement sur une seule plante hôte, le rosier, sauvage ou cultivé.*

vers la plante hôte primaire. Leur descendance est bisexuée, avec des femelles aptères et ovipares, qui pondent des œufs fécondés diapausants et résistants au froid.

De nombreuses espèces de pucerons vivent cependant sur une seule espèce végétale, par rupture de ce cycle de développement type, provoquant l'abandon soit de la plante hôte primaire, soit de la plante hôte secondaire.

Cette parthénogenèse cyclique associe les avantages des deux types de reproduction : par parthéno-

On distingue
des formes ailées (photo de gauche),
des formes aptères (photo de droite)
et des larves (sur les deux photos).
Ph. © Anne et Jacques Six.

genèse thélytoque (descendance femelle uniquement), la population d'Insectes s'accroît rapidement, surtout si elle est associée au phénomène très particulier de pédogenèse*, ou possibilité de reproduction sexuée pendant la vie larvaire ; par reproduction sexuée, les possibilités de brassage génétique au sein de la population restent cependant préservées.

Cette alternance entre les modes de reproduction peut souffrir quelques altérations. La perte de la phase sexuée entraîne la parthénogenèse obligatoire tout au long de l'année, avec ses avantages en conditions hivernales douces, mais aussi avec ses risques vitaux pour la survie de la population en cas de brutal refroidissement. Il a cependant été récemment observé que certains clones automnaux de pucerons, normalement à parthénogenèse thélytoque et donc à descendance uniquement femelle, donnent aussi naissance à quelques mâles, phénomène biologique engendrant une possible reproduction sexuée qui garantit la survie.

De tels exemples alimentent le débat actuel sur le réel avantage de la reproduction sexuée dans le monde vivant. On considère celle-ci comme « un compromis

Schéma du développement d'un puceron sur une seule plante hôte.
L'hiver, l'œuf reste en état de diapause jusqu'au printemps ; il donne alors naissance à une fondatrice sans ailes (ou fondatrice aptère) à développement parthénogénétique. Des générationsde ces formes aptères et parthénogénétiques se succèdent sur la même plante hôte jusqu'à l'automne, donnant alors naissanceà des formes sexuées aptères. En cours d'été, des formes ailées parthénogénétiques permettent la dissémination du puceron sur d'autres plantes de la même espèce.

Schéma du développement d'un puceron sur des plantes hôtes de familles différentes.
L'œuf pondu l'hiver sur la plante hôte primaire reste en état de diapause jusqu'au printemps ; il donne naissance à une fondatrice sans ailes (ou fondatrice aptère) à développement parthénogénétique. Des générations de ces formes aptères et parthénogénétiques se succèdent jusqu'à la production, au début de l'été, de femelles ailées qui émigrent sur la plante hôte secondaire. A la fin de l'été, des sexupares ailés apparaissent sur l'hôte secondaire et retournent sur la plante hôte primaire.

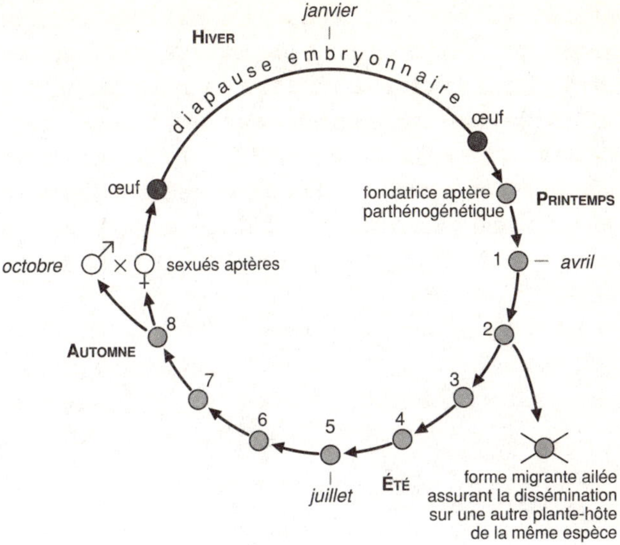
janvier
Hiver
diapause embryonnaire
œuf
fondatrice aptère parthénogénétique
Printemps
1 — avril
2
3
4
5
6
7
8
octobre
sexués aptères
œuf
Automne
juillet
Été
forme migrante ailée assurant la dissémination sur une autre plante-hôte de la même espèce

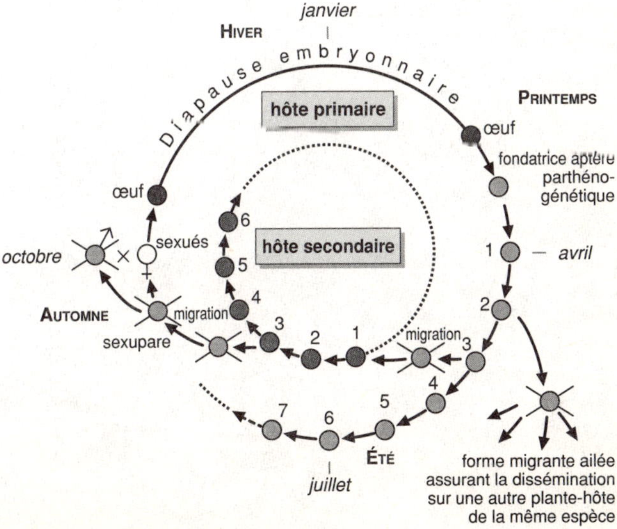
janvier
Hiver
diapause embryonnaire
Printemps
hôte primaire
œuf
fondatrice aptère parthéno-génétique
œuf
hôte secondaire
1 — avril
octobre
sexués
Automne
migration
sexupare
migration
2
3
4
5
6
7
juillet
Été
forme migrante ailée assurant la dissémination sur une autre plante-hôte de la même espèce

entre isolement et échange de l'information génétique». Le sexe est ainsi considéré comme un caractère ancestral avantageux à long terme. La recombinaison entre chromosomes parentaux, supports de l'hérédité, est en effet source de variabilité génétique et permet donc une évolution adaptative rapide en cas de modification de l'environnement.

Insecticides, biopesticides et parasites

La découverte des insecticides chimiques de synthèse est liée aux recherches sur les gaz de combat pendant la Seconde Guerre mondiale. Elle a permis, un moment, de croire que la solution du problème posé par la pullulation d'espèces nuisibles était enfin trouvée. C'était trop rapidement oublier le phénomène de résistance pourtant mis en évidence dès le début du siècle.

Les Insectes font de la résistance

Commercialisé dès 1943, le DDT* connut rapidement le plus grand succès, en particulier lors de la lutte contre le paludisme, en Italie d'abord, à l'occasion du débarquement des troupes américaines, puis ultérieurement en Inde pour contrôler cette même maladie ainsi que les épidémies de peste, dont le bacille est véhiculé par les puces. Pourtant, dès 1947, on observa une moindre efficacité des traitements.

La résistance à un insecticide, et par extension à tout produit toxique naturel ou de synthèse, est révélée par une diminution significative de la mortalité observée dans une population soumise à des traitements répétés à l'identique. Un certain nombre d'individus tolèrent la dose de produit toxique appliquée, alors que celle-ci est toujours mortelle pour les individus dits sensibles. Ce même phénomène se manifeste lors de l'emploi répété de pesticides d'origine biologique ou biopesticides, tels que les préparations insecticides à base de Bactéries, de Champignons ou de Virus pathogènes pour les Insectes, et même d'organismes parasites. Il repose sur une évolution génétique des populations soumises à la pression de sélection exercée par le produit insecticide.

On recense actuellement plus de cinq cents espèces d'Insectes possédant des populations résistantes aux insecticides, situation souvent aggravée par le phénomène de résistance croisée : la résistance acquise pour une famille de toxiques induit une résistance pour une autre.

Les insecticides chimiques agissent au niveau de cibles physiologiques chaque jour mieux connues. On observe des mutations ponctuelles qui modifient ces cibles chez les Insectes résistants aux insecticides. La résistance peut également être due à une augmentation significative du pouvoir de détoxication des insecticides par l'Insecte lui-même, à travers un accroissement de l'activité d'enzymes. Cet accroissement est lui-même induit soit par une modification de la configuration de l'enzyme sous l'effet d'une mutation ponctuelle, soit par un accroissement de sa production grâce à l'augmentation du nombre de copies du gène assurant sa synthèse. Ce phénomène d'amplification génique assure la production d'enzymes de détoxication en quantités considérables, suivant un processus dont on retrouve aujourd'hui maints exemples dans le monde vivant.

Au sein d'une population d'Insectes soumise à la pression de sélection de tels insecticides, les individus porteurs d'un gène de résistance ont donc une plus grande aptitude à survivre et à se reproduire que les individus dits sensibles. Au fil des générations successives, leur proportion augmente, au point que finalement la population n'est plus constituée que d'individus génétiquement identiques pour ce caractère de résistance. Cette augmentation de fréquence du nombre d'individus résistants est souvent accompagnée d'une augmentation du taux de résistance à l'insecticide par sélection successive de gènes différents de résistance. Les doses de produits insecticides nécessaires pour éliminer les individus résistants deviennent alors de plus en plus fortes.

On dénombrait ainsi, en 1990, six gènes de résistance à effets cumulatifs dans les populations du moustique *Culex pipiens* du sud de la France. En Californie, un autre phénomène est étudié simultanément, puisque la résistance des moustiques tient à l'augmentation du nombre de copies du gène d'une enzyme : un seul gène étant concerné et pouvant coexister sous deux formes au sein d'un même individu, c'est la forme induite par le nombre de copies du gène codant pour cette enzyme qui détermine la résistance. Il est admis que de nombreux cas de résistance sont dus à des gènes préexistant dans les populations étudiées, mais on sait également que des taux importants de mutations naturelles ou induites caractérisent certaines espèces, telles que le puceron vert du pêcher, *Myzus persicae*. Dans ce dernier cas, la résistance est liée à la présence en grande quantité d'une enzyme ayant une double action, la dégradation de toxiques tels que les insecticides organophosphorés*, mais aussi le piégeage des molécules toxiques liposolubles.

Si on fait disparaître la pression de sélection entretenue au champ par les traitements phytosanitaires, on observe une réversion de cette production d'enzyme, mais sans diminution du nombre de copies du gène correspondant. On est donc en présence de populations de pucerons apparemment sensibles mais génétiquement résistantes. Ces populations potentiellement résistantes sont particulièrement dangereuses pour l'agriculture puisqu'elles expriment à nouveau une forte résistance dès qu'elles sont soumises à une dose même réduite d'insecticide. Un tel accident peut survenir malencontreusement à la suite d'un traitement préconisé contre un autre ravageur de la même culture, voire d'une culture voisine.

Des outils moléculaires, utilisés dans le domaine médical pour analyser des maladies dues à des anomalies des acides nucléiques, devraient permettre de faciliter la détection des mutations ponctuelles à l'origine de ces phénomènes de résistance.

Les informations sur les manifestations de ces phénomènes de résistance aux biopesticides sont récentes et elles concernent essentiellement les préparations biologiques à base de la bactérie entomopathogène* *Bacillus thuringiensis*, dont l'usage pratique s'est lentement généralisé depuis une vingtaine d'années.

Une assez forte variabilité de la sensibilité de populations d'une même espèce de ravageur à une même souche de la bactérie suggère que le phénomène est relativement commun. Cependant, il ne semble pas que le risque d'une résistance portant à la fois sur *Bacillus thuringiensis* et un pesticide chimique soit encouru. Par contre, ce phénomène de résistance croisée a déjà été observé entre différentes souches de la bactérie. Les perspectives de développement du marché de ce type de biopesticide, ainsi que la possible vulgarisation de la culture de plantes génétiquement transformées pour la production de l'une des entomotoxines* de cette bactérie, justifient l'intérêt récent des scientifiques et des industriels pour un approfondissement de la recherche dans ce domaine. Il serait en effet désastreux que la vulgarisation de la culture de telles plantes génétiquement transformées accélère et généralise le phénomène de résistance aux principes toxiques de cette bactérie, dont les perspectives de développement sous la forme de biopesticides sont par ailleurs reconnues.

Une immunité à toute épreuve

En présence d'un phénomène infectieux ou parasitaire, le système de défense immunitaire de l'Insecte est mobilisé. La réponse antibactérienne des Insectes a été particulièrement étudiée. Des substances peptidiques* antibactériennes sont en effet libérées dans l'hémolymphe* des Insectes sous l'effet de facteurs d'induction aussi simples qu'une blessure tégumentaire. La réponse est rapide, apparente après quelques heures, multiforme – un même Insecte, tel que la drosophile*, synthétisant au moins une dizaine de peptides actifs – et persistante pendant plusieurs jours. Il s'agit bien d'un phénomène inductible, les inducteurs pouvant être de nature variée : blessure tégumentaire ou bactéries. Simultanément la synthèse de protéines de reconnaissance et de signalisation de corps étrangers est stimulée.

Après extinction du phénomène, deux à trois jours après sa stimulation initiale, une réponse identique peut être à nouveau observée après une nouvelle stimulation : l'Insecte n'en a donc pas conservé la mémoire. Le système de discrimination des Insectes entre le non-soi infectieux et le soi non infectieux, par des récepteurs cellulaires circulant dans l'hémolymphe, ne permet pas le développement d'une mémoire immunologique, spécifique aux Vertébrés. C'est pourquoi les expériences classiques d'induction, chez des chenilles, d'une protection contre des doses mortelles de bactéries par injection préalable d'une faible dose ne doivent pas être interprétées de la même façon que le phénomène d'immunisation bien connu chez les Mammifères. L'absence d'une telle immunité cellulaire fonctionnelle à mémoire chez les Invertébrés en général et les Insectes en particulier peut être corrélée à leur durée de vie courte et à leur taux de reproduction élevé, les individus survivant à une épidémie ayant la capacité de reconstituer rapidement l'effectif initial de la population. A l'inverse, on sait que les Vertébrés ont une vie longue et un faible taux de reproduction.

Le processus habituel de défense des Arthropodes est l'encapsulation* des corps étrangers. La phagocytose* joue un rôle prépondérant, tant que le nombre de particules étrangères n'est pas trop élevé ; l'encapsulation, ou enkystement, résulte d'une réaction des cellules sanguines. Ces phénomènes de défense ont été bien observés chez des Insectes parasités par des champignons entomopathogènes ou par des larves d'auxiliaires parasitoïdes.

La capacité génétique du parasite à bloquer la réaction cellulaire de l'hôte a également été étudiée. La comparaison des situations parasitaires entre populations d'origines géographiques différentes révèle que, dans la majorité des cas, la résistance de la drosophile est toujours contournée par le parasite. Le déterminisme génétique de ces phénomènes coévolutifs est évidemment du plus grand intérêt dans la mise en œuvre des stratégies de lutte biologique, dites d'introduction-acclimatation d'auxiliaires.

*Les Insectes attirent l'attention des hommes,
tant par la diversité de leurs formes
que par l'originalité de leurs comportements.
Ils représentent en outre, à eux seuls,
l'écrasante majorité des espèces connues.*

*Les aspects négatifs de l'activité des Insectes
sont le plus souvent mis en avant.
Pourtant, à la lumière de notre connaissance
récente du fonctionnement du vivant,
nous devrions mieux exploiter leurs potentialités
pour gérer la planète d'une façon raisonnée.*

L'Insecte, l'homme et la biosphère

Des Insectes et des hommes

On qualifie fréquemment les Insectes de nuisibles, tant leurs nuisances pour la santé humaine et les activités agricoles sont redoutées. En fait, ceux qui s'attaquent aux cultures ne sont le plus souvent redoutables que lorsqu'ils pullulent. En revanche, un seul Insecte vecteur de maladies des plantes, des animaux ou de l'homme peut occasionner des nuisances importantes.

Cette appréciation sommaire masque malheureusement le rôle positif que les Insectes jouent par la pollinisation de nombreuses plantes cultivées et par leur rôle dans les processus de transfert de matière et d'énergie qui assurent le bon fonctionnement des chaînes alimentaires de la biosphère. Il est significatif que même les spécialistes qualifient encore d'« indiffé-

---

Larves dévorant une feuille *(page précédente).*
De très nombreux Insectes consomment des plantes et peuvent, en cas de pullulation, occasionner d'importants dégâts. Dans des cas extrêmes, ils peuvent provoquer une défoliation totale.

rentes» ces espèces qu'ils estiment n'être ni utiles ni nuisibles, et qui sont l'écrasante majorité...

Nuisibles ?

Alors que les espèces d'Insectes se comptent par centaines de milliers, peut-être par millions, celles qui peuvent véritablement nuire à l'homme sont peu nombreuses, de l'ordre de quelques centaines. Ces espèces nuisibles sont pourtant redoutables et les nuisances qu'elles occasionnent justifient la mise en œuvre de moyens de lutte appropriés. Les insecticides occupent la deuxième place du marché mondial très diversifié des pesticides, derrière les herbicides et devant les fongicides* et autres spécialités correspondant à des marchés plus étroits.

Outre les Insectes parasites de l'homme et des Vertébrés, comme les larves de Diptères, à l'image de la lucilie bouchère évoquée précédemment, les Insectes venimeux, tels que les Hyménoptères, qui injectent leur venin par piqûre (par exemple l'abeille), les Insectes urticants (certaines chenilles) ou ceux qui provoquent, par contact, des réactions œdémateuses, voire allergiques (certains Insectes piqueurs), ce sont principalement les espèces hôtes d'agents pathogènes qui sont, à juste titre, les plus redoutées.

Nombreuses sont celles qui jouent seulement le rôle de véhicules passifs pour différents agents pathogènes, qu'il s'agisse par exemple des mouches ou des blattes. Ainsi explique-t-on la contamination accidentelle des aliments par les salmonelles*, et la propagation de maladies infectieuses graves telles que choléra, lèpre, peste, poliomyélite et tuberculose.

D'autres espèces jouent le rôle d'hôtes intermédiaires pour certains vers parasites ; mais ce sont les espèces vectrices, assurant une transmission biologique active de virus, Rickettsies*, Bactéries, Helminthes* et Protozoaires, qui sont responsables des maladies les plus graves chez l'homme ou chez les animaux d'élevage.

C'est toujours à l'occasion d'un repas de sang sur un hôte infectant que le vecteur se contamine. Le parasite se multiplie ensuite parfois au sein de ce vecteur. La transmission de l'agent pathogène se fait aussi bien par injection, régurgitation ou même simple dépôt de salive contaminée que par émission de déjections.

Les moustiques, ou Diptères *Culicidae*, constituent le groupe de vecteurs le plus important. Ils sont responsables entre autres de la transmission du paludisme, d'encéphalites virales, de filarioses. On estime que plus de deux cents millions d'hommes sont atteints de paludisme chronique, alors que près de trois cents millions sont parasités par les filaires. D'autres Diptères, tels que les Phlébotomes, sont responsables de la transmission des leishmanioses provoquées par des Protozoaires (quatre cent mille nouveaux cas chaque année). Les mouches tsé-tsé ou Glossines sont vectrices de Trypanosomes responsables de la maladie du sommeil.

On rappellera enfin que les poux et les puces sont responsables de la transmission de la peste et du typhus et que des punaises hématophages sud-améri-

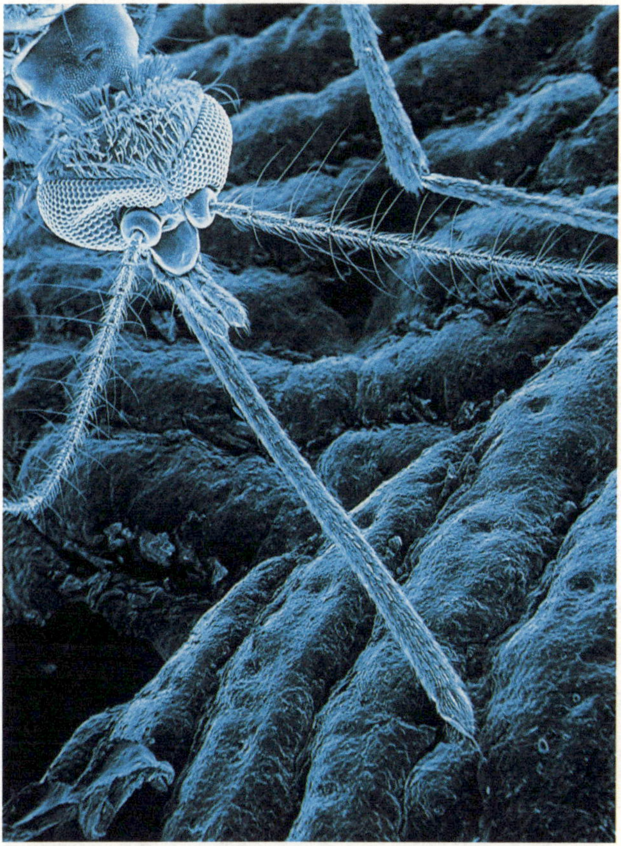

Tête d'un moustique femelle.
Cette photo est prise au microscope électronique à balayage : on remarque les yeux composés qui se rejoignent sur le front, les longues antennes munies de soies et l'appareil buccal au centre, transformé en trompe munie de stylets permettant de perforer la peau de l'hôte !
© Cosmos/Manfred Kage/ Science Photo Library.

caines sont vectrices de la maladie de Chagas, due à un Protozoaire.

Bien qu'il soit difficile de chiffrer l'importance des dégâts occasionnés par les ravageurs des plantes cultivées et de leurs produits, les estimations formulées par différents auteurs se recoupent aux environs de 20 % de la valeur de la production agricole mondiale.

Chaque année, les Insectes sont ainsi responsables de la perte d'environ trois cent quarante millions de tonnes de riz, deux cents millions de tonnes de maïs, cent quarante millions de tonnes de blé, soit, pour cette dernière céréale, approximativement trois fois la récolte annuelle française ! Outre ces céréales, les cultures de canne à sucre, d'olivier, d'arachide, de caféier, de cacaoyer, de cotonnier, de colza, de cocotier, de sorgho et de tabac sont également sévèrement touchées.

En 1992, le marché mondial des pesticides pour la protection des cultures et des denrées entreposées était évalué à trente-quatre milliards de francs, dont un peu plus de huit milliards pour les seuls insecticides, utilisés pour leur plus grande part en cultures de céréales, de fruits, de légumes et de cotonniers. Les herbicides y tiennent la première place, alors que les fongicides viennent en troisième position. Le marché français des pesticides, le premier en Europe, se situait au deuxième rang en valeur derrière le marché nord-américain, et au troisième rang en volume après ceux des États-Unis d'Amérique et du Japon. En France, comme dans d'autres pays d'Europe occidentale, les insecticides n'occupent que la troisième place du marché (15,6 % du total), derrière les herbicides (38,2 %) et les fongicides (37,7 %). C'est en effet dans les pays tropicaux, aux températures plus favorables au développement des Insectes, que la consommation d'insecticides est la plus forte.

Le nombre de ravageurs chronique de l'agriculture européenne est relativement limité : d'après l'enquête en cours d'actualisation à l'occasion de l'élaboration d'une banque de données consacrée au domaine de la protection des plantes (projet européen HYPP, ou Hypermédia pour la protection des plantes), environ trois cents espèces de ravageurs ont été recensées. Une soixantaine d'entre elles font partie d'une liste d'organismes dits de quarantaine, qui sont l'objet de mesures réglementaires particulières adoptées conjointement par les États de la Communauté européenne et par les États membres de l'Organisation européenne et méditerranéenne pour la protection des plantes (OEPP, trente-trois États membres).

On dénomme organisme de quarantaine « tout nuisible, animal ou végétal, ayant une importance particulière pour l'économie nationale du pays exposé et qui n'est pas encore présent dans ce pays, ou bien qui s'y trouve déjà, mais qui n'est pas largement diffusé et qui est activement combattu ». Ainsi, le doryphore, absent sur le territoire britannique mais fréquent sur le continent, fait partie de cette liste ; les mouches mineuses, récemment importées d'Amérique du Nord ou du Sud, sont l'objet de mesures d'éradication, déjà réussie dans divers pays comme le Danemark et le Royaume-Uni – du moins pour la mineuse du Gerbera qui, en France, au milieu des années 80, mit en péril la culture de la tomate sous serre dans la vallée du Rhône en raison de l'acquisition d'une résistance généralisée aux insecticides du commerce.

A l'échelle d'un continent comme l'Afrique, on a à nouveau pris conscience du risque engendré par la prolifération spectaculaire du criquet pèlerin, *Schistocerca gregaria*, suivant un processus millénaire, ainsi qu'en témoignent les hiéroglyphes des monuments égyptiens : grégarisation des populations de forme solitaire dans des aires insuffisamment contrôlées du Sahel oriental et conditions climatiques favorables à l'éclosion des œufs enfouis dans le sable. Un « scénario du pire », monté par le Centre de coopération internationale en recherche agronomique pour le développement (CIRAD), décrit les spectaculaires invasions généralisées auxquelles on pourrait à nouveau assister, dans les années qui viennent, dans l'hypothèse où de telles conditions climatiques favorables seraient à nouveau réunies.

En effet, la brièveté relative de l'alerte des années 1986-1988 ne semble pas devoir être imputée au seul effet des six cents millions de francs d'insecticides chimiques généreusement déversés. Dans une telle hypothèse, l'explosion démographique des Acridiens à partir du pourtour de la mer Rouge concernerait successivement le Sahel des pâturages, le Maghreb, puis le Sahel des cultures et la Corne de l'Afrique, suivant des mouvements enveloppants dignes des plus grands stratèges de l'histoire.

Utiles ?

Apiculture et sériciculture (élevage du ver à soie) sont bien sûr des activités humaines ancestrales, mais, dans notre pays tout au moins, leur importance économique a sensiblement diminué.

Il y a plus d'un siècle, on trouvait des magnaneries, et donc des cultures de mûrier, dans plus de soixante de nos départements, surtout dans le Gard, jusqu'à la généralisation de la pébrine, maladie infectieuse à Protozoaires, fatale aux élevages. Cette situation fut encore aggravée par la pullulation d'une cochenille du mûrier et par la concurrence de la production asiatique.

A la même époque, l'apiculture connut un véritable âge d'or, sans pour autant retenir particulièrement l'intérêt des scientifiques, qui n'ont fait de l'abeille un de leurs modèles biologiques préférés que plus tardivement. On dénombre encore aujourd'hui plus de un million de ruches en France, soit en moyenne un peu plus de deux ruches par kilomètre carré, appartenant à environ cent mille propriétaires, parmi lesquels il n'y a guère qu'un millier de véritables professionnels. Cependant, au niveau mondial, l'apiculture concerne de quatre à cinq millions d'exploitants et un effectif de quarante à cinquante millions de colonies d'abeilles, pour une production annuelle de l'ordre de six cent mille à sept cent mille tonnes de miel (environ douze mille tonnes pour la production française).

Pollinisateurs et parasites entomophages réunissent en fait les espèces qui paraissent les plus directement utiles à l'homme. L'abeille domestique bien sûr, mais aussi des abeilles sauvages solitaires telles que l'abeille coupeuse de feuilles ou Mégachile, ainsi que de nombreuses espèces de bourdons retiennent l'intérêt des praticiens. La pollinisation des cultures de tomates, de poivrons, d'aubergines, de melons et de concombres sous serre, à l'aide de colonies de bourdons, ne connaît-elle pas depuis quelques années un succès croissant ? Il est en effet bien établi que la reproduction sexuée d'un grand nombre de végétaux, et notamment de plantes cultivées, est sous la dépendance totale ou partielle des Insectes mellifères. C'est particulièrement le cas, dans notre pays, pour les cultures de tournesol et de colza, dont on sait l'importance (respectivement 993 000 et 672 000 hectares cultivés en 1992), mais aussi de légumineuses telles que la luzerne, le trèfle, le soja ou, dans les régions tropicales, de plantes comme l'arachide, le cotonnier, le sésame, le palmier à huile. Les arbres fruitiers des régions tempérées ainsi que les cultures de petits fruits (groseillers, cassissiers, fraisiers, framboisiers), les figuiers du bassin méditerranéen, les agrumes, les avocatiers, les kiwis, les cacaoyers et de nombreuses plantes à épices des régions chaudes sont également plus ou moins tributaires de la pollinisation par les Insectes.

Signalons également que les producteurs de semences potagères sont intéressés par le bénéfice attendu d'une meilleure maîtrise de la pollinisation. Au total, l'activité pollinisatrice des Insectes mellifères est considérée comme étant d'une importance économique très largement supérieure à celle du commerce du miel et de ses dérivés, d'où l'attention donnée aux éventuels effets secondaires sur les espèces pollinisatrices des pesticides utilisés contre les ravageurs des cultures.

L'étude des biocénoses (ensemble des organismes vivants occupant le même biotope) associées aux Insectes ravageurs révèle l'importance du parasitisme occasionné par les Insectes dits entomophages, qu'ils soient prédateurs ou parasites.

Les entomologistes admettent volontiers qu'au total le nombre d'espèces entomophages est sans doute du même ordre de grandeur que celui de leurs hôtes. Certains de ces parasites ont un très large spectre d'action, d'autres, au contraire, sont étroitement inféodés à un ou quelques hôtes seulement. Cette spécificité d'action est particulièrement exploitée dans la mise en œuvre des procédés de lutte biologique (*cf.* p. 91).

Le parasitisme peut cependant s'exercer à n'importe quel niveau des chaînes alimentaires, de telle sorte qu'un parasite dit primaire, car se développant aux dépens d'un ravageur, peut être, à son tour, attaqué par un ou des hyperparasites, que l'on qualifie alors de secondaires. Ces parasites secondaires peuvent être eux-mêmes parasités par des parasites tertiaires... En matière de régulation des populations d'un Insecte nuisible, les parasites de rang impair sont donc considérés comme utiles et ceux de rang pair sont qualifiés de nuisibles!

C'est parmi les Hyménoptères et les Diptères que l'on trouve l'essentiel des formes parasites d'Insectes, tels les trichogrammes, parasites des œufs de la pyrale du maïs. En revanche, les coccinelles, féroces consommatrices de pucerons, sont sans doute l'exemple le mieux connu de Coléoptères prédateurs.

Indifférents ou indispensables ?

Au-delà de cette utilité à court ou moyen terme, telle que l'agriculteur l'envisage pour optimiser production et protection de ses cultures et récoltes, on doit prendre conscience du rôle global joué par les Insectes dans les chaînes alimentaires de la biosphère. On rappellera à cet effet que les différents compartiments de la biosphère sont liés les uns aux autres par des transferts de matière et d'énergie selon trois processus distincts : la production de matière organique, la consommation de cette matière organique et, enfin, la décomposition ou la minéralisation, qui assure le recyclage de la matière.

La source d'énergie du système est le soleil. Les organismes capables de fixer cette énergie par assimilation chlorophyllienne et de synthétiser leurs propres tissus à partir d'éléments minéraux sont dits autotrophes et constituent les producteurs primaires (Algues et végétaux chlorophylliens). Des organismes phytophages, Insectes, Mollusques, Vertébrés, mais aussi certains végétaux parasites, consomment cette matière organique et sont de ce fait dénommés consommateurs primaires ; dans le même temps ils synthétisent leurs propres tissus pour croître et se multiplier, ce sont donc également des producteurs secondaires. A leur tour, ils peuvent être la proie de prédateurs et de parasites, qui sont donc des consommateurs secondaires, eux-mêmes victimes de consommateurs tertiaires... La chaîne alimentaire ainsi décrite n'est pourtant pas sans fin, car à chaque étape il se produit des pertes de transfert d'énergie. On identifie facilement les maillons de telles chaînes, à l'exemple du pin noir d'Autriche, producteur primaire, dont les aiguilles sont dévorées par la chenille processionnaire, consommatrice primaire, dont les colonies sont elles-mêmes dévastées par des Insectes parasites ou prédateurs et des oiseaux insectivores, qui sont donc des consommateurs secondaires... On range parmi les consommateurs primaires non seulement les Insectes ravageurs des cultures, mais aussi toutes les espèces phytophages qui se nourissent de végétaux sauvages et sont qualifiées d'indifférentes. Elles pullulent rarement, sans doute en raison de l'importance des facteurs naturels de régulation auxquels elles sont soumises : abondance limitée de la plante hôte non cultivée et diversité de la biocénose parasitaire associée.

Si les études de bilans énergétiques ont bien mis en évidence le rôle des producteurs et des consommateurs, l'importance de celui des décomposeurs n'a été saisie que plus tardivement. Pourtant, la quantité de matière organique qui retourne au sol chaque année sous la forme de feuilles, de racines et de bois mort est considérable, atteignant de quelques tonnes à quelques dizaines de tonnes par hectare, suivant les écosystèmes considérés. L'intervention des Insectes souterrains, tels que les collemboles, les fourmis, les termites, les larves de Coléoptères et de Diptères, dans le processus de dégradation de cette matière organique, complétée par celle d'autres animaux comme les vers de terre, les Acariens et les Diplopodes, est alors déterminante.

On estime, par exemple, qu'au cours de la réduction mécanique des débris végétaux par ces collemboles et ces Acariens, les surfaces susceptibles d'être ensuite colonisées par la microflore sont multipliées par cinquante, ce qui accroît très sensiblement l'efficacité du processus de dégradation. En outre, les éléments digérés sont chimiquement modifiés, ce qui facilite l'action des micro-organismes, dont le développement est par ailleurs favorisé par les caractéristiques physico-chimiques des fèces. La décomposition finale de ces excréments est assurée par la microflore de Bactéries, d'Algues, de Champignons filamenteux et de Protozoaires qui colonisent la litière. D'une manière générale, cette faune enrichit le sol en composés azotés et en enzymes, favorables à la formation de l'humus, par ses déjections et ses cadavres.

On ne perçoit souvent la mécanique d'un tel système que lorsqu'il est déréglé. Ce fut, par exemple, le cas en Australie, lorsque la faune indigène des Insectes saprophages s'avéra incapable d'assurer le recyclage normal des fèces de bovins d'élevage importés, problème qui fut résolu, comme indiqué précédemment, par l'introduction-acclimatation de bousiers européens. C'est aussi souvent le cas lors de la soudaine pullulation de chenilles défoliatrices en forêt, lorsque les facteurs naturels, biotiques et abiotiques, de régulation de la dynamique des populations d'Insectes deviennent insuffisamment efficaces : on explique ainsi les cycles périodiques de pullulation de la tordeuse du mélèze, chenille qui dévore les forêts alpines du Briançonnais jusqu'aux confins autrichiens

C'est pourquoi les entomologistes agricoles et forestiers attirent tant l'attention sur la connaissance des biocénoses associées aux variétés cultivées et, en particulier, sur la richesse et la diversité de la faune des auxiliaires. On dénomme ainsi les organismes vivants dont le mode de vie entraîne l'inhibition ou la destruction d'espèces nuisibles. En l'occurrence, il s'agit des parasites et prédateurs précédemment cités, ainsi que des micro-organismes pathogènes d'Insectes, de Bactéries, de Champignons et de Virus. Leur sauvegarde entre dans la stratégie de lutte intégrée décrite ci-après.

Le grand public a récemment été sensibilisé, à l'occasion du Sommet de la Terre à Rio de Janeiro (1992), par le concept de biodiversité du vivant, ou diversité biologique, considérée comme une condition nécessaire au bon fonctionnement des écosystèmes. Les spécialistes entendent par là aussi bien la diversité écologique (diversité des écosystèmes) et la diversité spécifique (diversité des espèces présentes dans un écosystème) que la diversité génétique au sein d'une même espèce (diversité intraspécifique).

Le monde des Insectes étant de très loin le plus abondant et le plus diversifié, il pourrait être le premier concerné, même si jusqu'à présent il n'a guère été l'objet que de mesures conservatoires, à l'initiative des partisans de la protection de la nature. Quant aux entomologistes professionnels, ce n'est qu'assez récemment qu'ils se sont intéressés à la génétique des populations d'Insectes nuisibles. Des disciplines fondamentales de la biodiversité, comme la description et l'identification des espèces ou l'inventaire des communautés, sont encore insuffisamment considérées dans notre pays aujourd'hui, faute sans doute d'avoir su exploiter en temps voulu les possibilités nouvelles offertes par les méthodes informatisées d'analyse des données et par la biologie moléculaire.

On doit cependant souligner les initiatives du Conseil de l'Europe, qui, dès 1980, a créé un groupe d'experts chargé de définir des projets relatifs à l'exploitation du potentiel constitué par les Invertébrés en tant que bio-indicateurs de la qualité des sites. Les Insectes saprophages et xylophages sont ainsi considérés comme un groupe déterminant du recyclage de l'énergie et des éléments nutritifs des forêts ; la présence des libellules ou Odonates* est retenue comme un indicateur fiable de la richesse faunique et de la qualité biologique des eaux douces. Tout récemment (1992), un programme conjoint de l'Union internationale des sciences biologiques (UISB), du Comité scientifique pour les problèmes de l'environnement (Scope), du Conseil de l'Europe et de l'Organisation des Nations unies pour l'éducation, la science, et la culture (Unesco) a été lancé pour identifier les espèces les plus aptes à jouer ce rôle d'indicateur de la biodiversité des écosystèmes et pour établir des protocoles normalisés de capture et d'inventaire.

De la lutte à la protection intégrée

Les espèces d'Insectes nuisibles sont relativement peu nombreuses ; pourtant, l'importance des dégâts et des nuisances qu'elles occasionnent aux activités humaines est telle qu'elle justifie la mise en œuvre de moyens de lutte appropriés.

Outre la difficulté de mettre au point des techniques efficaces, faciles d'emploi et relativement peu coûteuses, la nécessité d'épargner, dans le même temps, les espèces utiles et celles, qualifiées d'indifférentes, qui enrichissent la nécessaire diversité des écosystèmes s'avère être une condition très contraignante et encore mal maîtrisée. Des solutions dites alternatives, faisant surtout appel aux auxiliaires, sont proposées et aujourd'hui associées à des procédés raisonnés de lutte chimique, cela sous les concepts de lutte intégrée et de protection et production intégrées, concepts qui recoupent la notion de développement durable actuellement débattue par les agronomes. On entend par là le retour à une conception traditionnelle de l'agriculture, qui donne par exemple à la conservation de la fertilité des sols la priorité, priorité que l'on avait tendance à oublier en recourant systématiquement aux engrais chimiques.

Lutte chimique et lutte biologique

La découverte des propriétés insecticides du dichloro-diphényl-trichloréthane ou DDT, en 1939 par le Suisse P. Muller, fut bientôt suivie, en 1940, de celle de l'hexachlorocyclohexane ou HCH, par l'Anglais R. E. Slade. Dans les deux cas, ces molécules étaient bien connues des chimistes, depuis soixante-cinq ans pour l'une et cent quinze ans pour l'autre... mais leurs propriétés insecticides étaient restées jusqu'alors ignorées ! Elles font partie de la famille des insecticides organochlorés, qui connut un fort succès commercial jusqu'à leur interdiction d'emploi en 1972, en raison de leur persistance élevée et des risques biologiques encourus.

En 1945, les recherches allemandes sur les gaz de combat débouchèrent sur une nouvelle famille d'insecticides, les organo-phosphorés, tels que le malathion et le parathion, encore utilisés aujourd'hui. Au début des années 50, la firme Union Carbide lança avec succès le carbaryl, représentant d'une troisième famille de pesticides à activité à la fois insecticide et fongicide, les carbamates, dont les principes toxiques avaient été observés, en Afrique tropicale, dès le XVIIe siècle dans la fève de calabar. Enfin, en 1974, M. Elliott décrivait la remarquable activité d'un nouveau produit de synthèse, la deltaméthrine, dérivé photostable des pyréthrines naturelles obtenues à partir de fleurs séchées de deux espèces végétales du genre *Chrysanthemum*. La maîtrise de la synthèse industrielle de ce type de produits, en particulier par la firme Roussel-Uclaf, ouvrait l'ère des pyréthrinoïdes, qui dominent aujourd'hui encore le marché.

Actuellement d'autres pistes sont explorées, telles que les substances inhibitrices de la biosynthèse de la chitine, les analogues d'hormones de mue qui, sous le nom de régulateurs de croissance, peuvent être exploitées comme insecticides de synthèse, les plantes génétiquement transformées, ou encore les médiateurs chimiques responsables de la communication entre individus de la même espèce (phéromones).

On recense ainsi près de dix mille pesticides divers autorisés à la vente en France, correspondant à environ sept cents à huit cents matières actives. Leur homologation tient évidemment compte de leur éventuelle action négative sur la faune utile des Insectes pollinisateurs, sur le gibier et les poissons, mais ces dispositions ne peuvent donner une réponse complètement satisfaisante au problème de la spécificité d'action de ces toxiques vis-à-vis des seules espèces effectivement nuisibles.

On trouve en effet des espèces nuisibles et des espèces utiles au sein des mêmes groupes systématiques ; c'est le cas, entre autres, de la famille des *Coccinellidae*, qui compte bien sûr essentiellement les coccinelles entomophages utiles (*Coccinellinae*), mais aussi des formes phytophages (*Epilachninae*), qui provoquent, par exemple, des dégâts sur les melons, les pastèques et les concombres en Europe et en

Afrique du Nord, sur les haricots et la luzerne en Amérique du Nord.

Les cibles biologiques des insecticides chimiques traditionnels ne sont en effet guère variées, de même que leurs modes d'action : ils agissent soit par ingestion, soit par contact sous réserve d'être absorbés par la cuticule, ou encore par inhalation. Les insecticides systémiques ou endothérapiques présentent l'avantage de pénétrer dans la plante à protéger, permettant ainsi d'agir efficacement sur les Insectes piqueurs et suceurs tels que les pucerons.

Même si la tendance actuelle est bien de mettre au point des préparations commerciales dont les doses de matière active par hectare sont de plus en plus faibles, de l'ordre de quelques dizaines de grammes dans le cas, par exemple, des pyréthrinoïdes, les quantités moyennes de pesticides épandues par hectare restent fortes, voire très élevées, de l'ordre de 4 à 5 kilos en France et de 40 à 50 kilos aux Pays-Bas. Il est vrai qu'environ 80 % des produits de traitement n'atteignent pas leur cible, soit par défaut d'application, soit par lessivage ou dégradation solaire. Il n'en reste pas moins que ces puissants toxiques exercent une forte pression de sélection sur les organismes vivants et en réduisent la diversité spécifique.

Lors de la Conférence internationale sur la lutte biologique et intégrée des cultures, organisée en 1991 à Wageningen (Pays-Bas) par l'Organisation internationale de lutte biologique (OILB), des mesures législatives destinées à réduire, d'ici cinq à dix ans, d'environ 50 % les quantités d'engrais et de pesticides mises

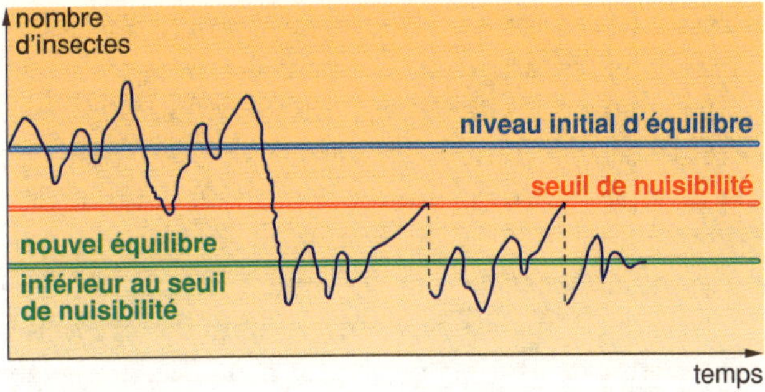

Notion de seuil de nuisibilité.
L'effectif d'une population d'Insectes fluctue autour d'un niveau d'équilibre variable suivant les conditions du milieu environnant (facteurs physico-chimiques et biologiques). Pour une culture donnée et dans une situation socio-économique déterminée, ce niveau d'équilibre est à comparer avec le seuil de nuisibilité, valeur au-dessus de laquelle les risques encourus peuvent compromettre tout ou partie des bénéfices attendus de la récolte. Si le risque est jugé conséquent, l'agriculteur doit intervenir pour abaisser le niveau de la population de l'Insecte ravageur et atteindre un nouvel état d'équilibre inférieur à ce seuil de nuisibilité. Une telle intervention résulte donc d'une double analyse, une estimation économique et une évaluation des niveaux de population de l'Insecte visé.

en œuvre ont été rapportées par les représentants de divers pays européens afin de réduire la pollution et l'impact sur l'environnement. Ces dispositions nouvelles sont favorables à la restauration d'une stratégie de gestion durable de la fertilité des sols et à la mise en œuvre de nouvelles techniques phytosanitaires. L'entreprise sera délicate, tant l'efficacité immédiate de la lutte chimique en a assuré le succès : il n'est pas rare de voir encore préconiser des traitements dits d'assurance, sans aucun diagnostic préalable de la situation parasitaire réelle des parcelles considérées.

La charge des dépenses phytosanitaires dans le compte d'exploitation des agriculteurs est pourtant croissante depuis plusieurs années, dépassant aujourd'hui 10 % en moyenne, avec cependant de fortes variations d'un type de culture à un autre. Pour les industriels, la mise au point de nouvelles spécialités phytosanitaires est de plus en plus coûteuse, atteignant environ soixante-dix millions de francs ; elle demande environ huit années d'investigations et le criblage initial de vingt mille à vingt-cinq mille molécules différentes. La durée de vie des spécialités commerciales est limitée : les brevets protègent l'innovation sur une durée de vingt ans, et les problèmes de résistance ou l'évolution des réglementations viennent souvent perturber les plans prévisionnels d'amortissement.

Il y a donc tout intérêt à rationaliser cette lutte chimique dont l'utilisation à bon escient repose en priorité sur l'estimation objective des risques phytosanitaires effectivement encourus dans la parcelle soumise à observation, à partir d'une connaissance appropriée de la physiologie de la plante cultivée, de la biologie et de la dynamique des populations du ravageur concerné, dans un contexte socio-économique donné. La notion de seuil de nuisibilité d'un ravageur pour une culture donnée est ainsi complétée par celle de seuil économique de tolérance, au-dessus duquel les risques encourus par la culture peuvent justifier une intervention. Le coût de celle-ci est à comparer avec le bénéfice attendu de la commercialisation de la récolte.

Il est également nécessaire de fournir à l'agriculteur une aide objective dans le choix de l'une ou l'autre des préparations phytosanitaires vendues dans le commerce. Cette dernière remarque prend une importance accrue en raison de l'augmentation du phénomène de résistance, qui rend nécessaire le respect d'une stratégie d'emploi des matières actives susceptible de réduire ce risque, comme, par exemple, l'alternance de matières toxiques actives sur des cibles biologiques différentes et l'introduction de techniques alternatives, telles celles relevant du concept de lutte biologique.

On a célébré en 1989 le centenaire de la lutte biologique, définie comme « l'utilisation d'organismes vivants ou de leurs produits pour empêcher ou réduire les pertes ou dommages causés par des organismes nuisibles ». Il est vraisemblable que ce même concept avait déjà été mis en œuvre longtemps auparavant, car on cite certaines pratiques millénaires de l'agriculture traditionnelle chinoise qui s'y rattachent indéniablement. En particulier l'agriculture jardinée, qui favorise des cultures associées sur la même parcelle, est de nature à entretenir une biocénose riche et variée, favorable à la régulation des populations de ravageurs par les auxiliaires : il n'est pas rare, en effet, de voir cultiver simultanément sur la même parcelle quelques rangs de maïs, de blé, de tomates, de concombres ou de haricots, suivant des séquences répétées, alors que la monoculture est devenue la règle dans les pays occidentaux.

La demande accrue de biens de consommation par les pays industriels, à la fin du XIXe siècle, qui concernait également l'agriculture, a posé en des termes nouveaux le problème des pratiques agricoles, et particulièrement des pratiques phytosanitaires. La demande d'innovation pour la défense des cultures était forte et le climat favorable à des expériences hardies, souvent infructueuses, car prématurées, mais parfois fort spectaculaires, comme celle du sauvetage du vignoble menacé par les ravages du puceron *Phylloxera* grâce à l'utilisation de porte-greffes américains résistants. Ce même ravageur fut désigné, dès 1874, comme une cible possible des procédés de lutte microbiologique envisagés par L. Pasteur à la suite de quatre années de recherches sur les maladies infectieuses du ver à soie.

Faute de maîtriser la production de masse d'Insectes auxiliaires et la technologie des biopesticides microbiens, l'accent fut dès lors mis sur la stratégie d'introduction-acclimatation d'auxiliaires exotiques, brillamment illustrée par l'exemple de la coccinelle *Vedalia cardinalis*, originaire d'Australie et de Nouvelle-Zélande et introduite volontairement en Californie pour lutter contre la cochenille *Icerya purchasi*. Le principe de cette méthode repose sur la notion d'équilibre des niveaux de population d'Insectes, en particulier sous l'influence de l'action bénéfique d'auxiliaires indigènes. Lorsqu'un tel équilibre est atteint, les dégâts occasionnés sur la plante cultivée par un ravageur restent généralement limités. L'originalité du raisonnement suivi tient alors à l'interprétation de la comparaison de situations parasitaires analogues, mais d'importance économique différente, entre différentes régions du globe. Pourquoi cette cochenille des agrumes accidentellement introduite en Californie y était-elle devenue un fléau, alors que dans sa zone géographique d'origine, l'Australie méridionale, elle n'était pas considérée comme un ravageur important ?

A la fin du XIXe siècle C. V. Riley supposa que des auxiliaires indigènes, absents en Californie, étaient suffisamment actifs en Australie pour limiter ses pullulations et que l'introduction volontaire de ceux-ci en Amérique pouvait être suivie des mêmes effets bénéfiques, sous réserve d'une acclimatation satisfaisante à des conditions écologiques et agronomiques semblables. On sait qu'en moins de deux années l'introduction de quelques centaines de coccinelles australiennes permit de rétablir durablement une situation parasitaire jugée catastrophique.

Cette technique d'introduction-acclimatation ne s'applique généralement qu'à des ravageurs eux-mêmes accidentellement introduits dans un nouvel habitat, où les entomophages indigènes ne peuvent les attaquer avec efficacité, en raison de leur spécificité alimentaire souvent très étroite. Actuellement, l'introduction dans l'île de la Réunion d'une souche malgache du champignon pathogène d'Insectes *Beauveria* donne lieu à un phénomène d'acclimatation favorable à la régulation naturelle des populations du hanneton des plantations de canne à sucre. Ce résultat confirme ainsi que le concept de lutte biologique peut également s'appliquer aux micro-organismes auxiliaires.

Une nouvelle stratégie, dite des nouvelles associations, s'oppose à cette méthodologie traditionnelle d'introduction-acclimatation, qui privilégie la sélection d'un facteur naturel de régulation dans une biocénose en équilibre, ainsi soumise aux processus de coévolution. Des performances supérieures sont théoriquement attendues de l'association d'un ravageur à un auxiliaire lorsqu'ils n'ont pas entretenu de relations trophiques* au préalable. Cette propriété pourrait expliquer les succès remarqués de la lutte biologique par introduction-acclimatation en Australie, dont on connaît les particularités de la faune et de la flore par rapport à celles des autres continents. On notera cependant que la sélection d'un auxiliaire potentiel dans de telles biocénoses en équilibre est faite dans des conditions de faible densité de population, ce qui ne permet pas *a priori* de prévoir son efficacité parasitaire en cas de pullulation de son hôte, situation à laquelle il est pourtant destiné à être confronté.

Malgré ces réserves, on estime qu'environ un millier d'auxiliaires ont été ainsi éprouvés contre près de trois cents espèces de ravageurs, avec un pourcentage de réussite fort élevé, de l'ordre de 40 % des introductions tentées. Les experts reconnaissent que la valorisation économique des programmes d'introduction-acclimatation est tout à fait remarquable, un dollar investi en rapportant environ trente, dans le cas des opérations réussies.

La maîtrise progressive de la technologie de production en masse de ces auxiliaires a permis de faire évoluer cette méthode d'introduction-acclimatation vers celle des traitements biologiques. Dans une première étape, il s'est agi d'assurer des lâchers périodiques d'auxiliaires multipliés en insectarium, puis de standardiser et d'automatiser les techniques de production de manière qu'elles puissent faire l'objet d'une véritable industrialisation.

C'est aujourd'hui le cas en France, à la suite d'une longue période de collaboration entre l'Institut national de la recherche agronomique (INRA) et l'Union nationale des coopératives d'approvisionnement agricole (UNCAA), avec la commercialisation d'un Insecte oophage parasite de la pyrale du maïs, le trichogramme : une usine récemment implantée à Valbonne, dans les Alpes-Maritimes, produit et conditionne ces minuscules auxiliaires qui sont épandus dans les champs de maïs en juillet, au moment même où le ravageur dépose ses œufs sur la plante. Sa production annuelle doit permettre à terme d'assurer la protection d'environ soixante mille hectares de maïs, l'objectif immédiat étant de couvrir quelque vingt mille hectares, avec une efficacité au moins égale à celle obtenue par traitement chimique.

Les professionnels de la communication utilisent très fréquemment le modèle de la coccinelle, bien perçu par le public, pour attirer l'attention sur l'intérêt des solutions phytosanitaires alternatives ou sur la nécessaire prise en compte de mesures de respect de l'environnement ; mais la production en masse des coccinelles est tributaire, jusqu'à présent, d'élevages massifs de pucerons, dont elles se nourrissent avidement, et donc de la fourniture des végétaux correspondant au stade de développement le plus approprié. Au total, la chaîne alimentaire plante-puceron-coccinelle est lourde à manipuler, coûteuse en main-d'œuvre et en énergie. Elle ne permet guère de dépasser le stade de la démonstration, effectuée avec succès depuis plusieurs années auprès des amateurs de parcs et de jardins par différentes municipalités françaises, comme la ville de Caen.

Ces difficultés technologiques ont sans doute assuré pour partie le succès de la commercialisation des biopesticides à base de la bactérie entomopathogène *Bacillus thuringiensis.* En effet, la production de masse d'une telle bactérie est obtenue, en milieu nutritif liquide, dans des fermenteurs de grande capacité, disponibles dans les usines produisant des antibiotiques ou des enzymes. Quant à la multiplication des virus pathogènes d'Insectes, elle est liée aux progrès attendus, tant sur le plan des rendements que sur celui des coûts, de l'obtention de cultures de cellules d'Insectes en fermenteur.

L'utilisation de *Bacillus thuringiensis* sous la forme de biopesticides a déjà attiré l'attention sur le risque d'apparition d'un phénomène de résistance comparable à celui observé déjà maintes fois avec des insecticides chimiques. Cette situation est pour l'instant exceptionnelle, mais néanmoins préoccupante, car le marché occupé par ce biopesticide, limité actuellement à moins de 1 % du marché global des insecticides, est destiné à s'élargir sensiblement. Produites et commercialisées par quelques grandes firmes, les formulations à base de *B. thuringiensis* sont actuellement destinées à la protection des forêts et des cultures. Les Insectes visés sont des chenilles défoliatrices et, dans une moindre mesure, des larves de Coléoptères devenues résistantes aux insecticides chimiques, comme celles du doryphore, ainsi que les Insectes vecteurs de maladies tels que les moustiques et les simulies.

Les spectaculaires progrès des biotechnologies ont assuré le succès de la lutte autocide, illustrée par la technique mise récemment en œuvre en Libye contre la lucilie bouchère. Cette méthode de lutte consiste à provoquer l'extinction d'une population naturelle d'Insectes en y introduisant des individus de la même espèce, soit préalablement stérilisés, soit porteurs d'anomalies génétiques. D'après les informations fournies par la *Food and Agriculture Organisation* (Organisation pour l'alimentation et l'agriculture, FAO), cette opération d'éradication d'un Insecte nuisible de première importance économique, la lucilie bouchère ou *Cochliomyia hominivorax*, est en effet exemplaire, tant par son étonnante rapidité d'exécution, six mois environ, que par l'importance des moyens mis en œuvre, parfois comparés à ceux d'une campagne militaire ! On sait que cette mouche est présente de façon endémique en Amérique tropicale et subtropicale et qu'elle est responsable chaque année de dommages très importants pour l'élevage des bovins, dommages estimés en 1976 pour le seul État du Texas à trois cents millions de dollars. La technique de lutte adoptée relève de la méthode autocide, car elle favorise des accouplements entre femelles sauvages et mâles préalablement stérilisés par exposition aux radiations du Césium 137. Ces mâles sont élevés industriellement et lâchés dans la nature après irradiation, à raison de dix individus traités par mouche sauvage. L'accouplement donne évidemment des œufs non fertiles et la répétition des lâchers provoque la réduction des populations sauvages. Depuis 1962, un véritable barrage biologique est ainsi dressé avec succès à la frontière américano-mexicaine pour prévenir l'introduction de ces mouches en provenance d'Amérique centrale. En 1976, une usine implantée à cet effet au Mexique assurait une production hebdomadaire de six cents millions de mouches. Il est inutile de trier mouches mâles et mouches femelles, l'ensemble de la production étant soumise aux radiations stérilisantes au stade pupe, dernier stade larvaire facilement manipulable.

C'est au printemps 1988 que la présence de la lucilie bouchère fut observée en Libye ; dès 1989, la FAO adoptait un plan d'assistance immédiate, tout en lançant l'étude d'un projet d'éradication sur la base de l'expérience américano-mexicaine. A cet effet, la première étape fut d'éprouver la compatibilité de la population libyenne avec la population mexicaine. Les premières livraisons de mouches stériles, en provenance de l'usine mexicaine de Tuxtla Gutierrez, eurent lieu en décembre 1990 et furent poursuivies jusqu'à la mi-octobre 1991 ; les observations sur le terrain furent maintenues jusqu'en juin 1992, époque à laquelle la Libye fut officiellement déclarée indemne de la lucilie bouchère. Au total, mille trois cents millions de lucilies stériles furent épandues sur une surface d'environ 26 500 km^2. Le coût total de l'opération est estimé à quatre-vingts millions de dollars pour un bénéfice annuel de l'ordre de plus de trois cents millions de dollars, ce qui situe le rapport bénéfice/coût à un niveau très favorable, sur une période de référence de dix ans. Cette même technique de lutte fait actuellement l'objet de programmes de recherche et de développement contre un Insecte ravageur des cultures, la mouche des fruits.

Lutte intégrée et protection intégrée

Alors que les années 60 furent marquées par un net antagonisme entre partisans du « tout chimique » et partisans du « tout biologique », le début des années 70 amorça le rapprochement des points de vue grâce à l'attitude convergente de l'Organisation mondiale de la santé (OMS), de l'Organisation des Nations unies pour l'alimentation et l'agriculture (FAO) et de l'Organisation internationale de lutte biologique (OILB) pour promouvoir le concept de lutte intégrée.

On entend par là « l'ensemble des méthodes de lutte satisfaisant aux exigences à la fois économiques, écologiques et toxicologiques, en réservant la priorité à la mise en œuvre délibérée des éléments naturels de limitation et en respectant les seuils de tolérance ». Ce dernier critère a une importance toute particulière ; c'est en effet la valeur critique au-delà de laquelle l'abondance d'un organisme nuisible provoque des pertes de récolte dont la valeur est jugée supérieure au coût d'une intervention préventive. Le contexte économique dans lequel on opère module donc l'attitude de l'exploitant.

Aujourd'hui ce nouveau concept, élargi aux notions de protection intégrée et de production intégrée, est adopté. Pour simplifier, on dira qu'on met au point un procédé de lutte intégrée contre le ravageur d'une culture, qu'on assure la protection intégrée de cette culture contre l'ensemble des nuisibles qui l'agressent et que cette protection phytosanitaire s'inscrit dans une démarche cohérente de production intégrée, incluant la gestion raisonnée de l'agro-écosystème concerné. On remarquera donc que cette stratégie de lutte intégrée est à la source du concept actuel d'agriculture dite durable, que l'on a évoqué précédemment.

Le rapprochement des deux stratégies de lutte, chimique d'une part, biologique d'autre part, redonne à la biologie des organismes et des populations une importance qu'on aurait pu croire un moment oubliée. Il impose dans le même temps à la lutte biologique des contraintes de fiabilité et de reproductibilité, et à la lutte chimique une plus grande spécificité d'action ainsi qu'une faible rémanence de ses principes actifs et de leurs produits de dégradation.

La première étape à franchir, souvent appelée « lutte chimique raisonnée » ou encore « lutte dirigée », consiste en effet à préciser les conditions d'emploi des pesticides chimiques en alertant l'agriculteur sur le risque réellement encouru par sa culture et en recommandant les conditions d'emploi des spécialités commerciales. L'objectif à atteindre est évidemment de ne préconiser un traitement qu'à bon escient et, en cas de besoin, de l'effectuer avec la formulation commerciale la plus appropriée.

La nécessité d'apporter ainsi une aide significative à la décision de l'exploitant fut très tôt comprise en

Piège à phéromones pour la pyrale du maïs.
Ce piège est constitué d'un prisme de carton ouvert à ses deux extrémités, et à l'intérieur duquel sont placés une capsule contenant un analogue de synthèse de la phéromone naturelle comme attractif, et un panneau garni de glu pour assurer la capture des papillons ainsi attirés.
La photo ci-dessus met en évidence que tous les papillons capturés sont de la même espèce.
La photo ci-contre montre le piège en place dans un champ de maïs.
En haut, © INRA/J. Stoeckel, en bas, © INRA La Minière.

France, par le Service de la protection des végétaux (SPV) du ministère de l'Agriculture. Celui-ci a établi un réseau d'observation qui lui permet de suivre l'état sanitaire des cultures par région, de manière à établir le degré de risque encouru. L'information ainsi établie a d'abord été diffusée par un bulletin d'avertissement agricole, récemment relayé par répondeur téléphonique.

Évidemment un tel système d'avertissement ne peut qu'alerter l'agriculteur. Il ne peut en aucun cas établir un diagnostic pour une parcelle déterminée dans une zone à risque. Faute de cette information personnalisée, des traitements inutiles sont donc encore réalisés dans des parcelles indemnes de nuisibles.

C'est pourquoi des études fines de biologie des populations de ravageurs ont dû être reprises par les services de recherche et de développement pour mettre à la disposition des praticiens des informations plus fiables. Pour les Insectes, elles portent à la fois sur l'aide à l'identification du ravageur et sur l'estimation du risque encouru en fonction de son niveau de population. Les pièges à phéromones sont d'une aide remarquable dans l'identification des Insectes : la spécificité de ces pièges est telle qu'ils ne permettent en effet la capture que de l'espèce d'Insecte pour laquelle la phéromone a été synthétisée ; toute capture est donc automatiquement identifiée comme appartenant à l'espèce considérée. L'agriculteur est ainsi immédiatement avisé de la présence du ravageur dans sa parcelle. De tels pièges ne permettent, en revanche, qu'exceptionnellement de procéder à l'évaluation du niveau de la population de ce ravageur, la présence d'un ou de plusieurs Insectes dans un même piège n'étant pas généralement liée à l'importance de la population dans la parcelle.

Il convient alors de procéder à un échantillonnage de cette population suivant une procédure codifiée, impliquant un investissement motivé de l'exploitant. On trouve cette motivation chez les arboriculteurs et chez les serristes, encore que de tels contrôles, parfois quotidiens, entrent inévitablement en concurrence avec les multiples activités que leur impose la loi du marché.

Le diagnostic étant ainsi établi et l'importance du risque reconnue en fonction des pertes de récolte attendues, il convient encore de guider le praticien pour réaliser son traitement phytosanitaire. Si le mode d'emploi des spécialités commerciales est généralement parfaitement décrit dans la documentation technique les accompagnant, le choix entre plusieurs spécialités de noms différents mais recommandées pour la même cible reste cependant souvent délicat. On sait combien le rôle du fournisseur local de produits nécessaires à l'activité agricole peut être déterminant, comme d'ailleurs dans d'autres domaines d'activité, mais ici les conséquences d'un choix malheureux peuvent être grandes. Rappelons en effet que le concept de lutte intégrée se propose de répondre aux exigences non seulement économiques et toxicologiques, mais également écologiques. Parmi ces dernières, on notera évidemment le respect de la faune auxiliaire indigène (pollinisateurs et entomophages divers), ce qui implique une spécificité d'action des insecticides chimiques utilisés. Il va de soi que cette exigence s'applique également aux programmes de lutte faisant intervenir simultanément des solutions biologiques, qu'il s'agisse de l'introduction-acclimatation d'auxiliaires ou de traitements biologiques, dont l'action pourrait être malencontreusement contrariée par l'épandage de spécialités phytosanitaires incompatibles.

Ces principes sont bien illustrés par l'exemple des vergers européens, qui ont bénéficié d'une attention soutenue des chercheurs depuis la Seconde Guerre mondiale, en particulier en raison des pullulations intempestives d'« araignées rouges » ou Acariens, dues justement à un emploi mal contrôlé des insecticides chimiques.

Une lutte raisonnée, avec des insecticides à moindre incidence écologique, est maintenant appliquée sur six espèces de rosacées fruitières, pommiers, poiriers, pêchers, nectariniers, abricotiers, pruniers et, dans une moindre mesure, cerisiers, sur une surface estimée à environ 150 000 hectares. La surface totale des vergers européens atteint cependant environ 1 800 000 hectares, dont 780 000 hectares de culture extensive d'amandiers, ce qui souligne l'importance de l'effort à poursuivre, aussi bien dans les domaines de la recherche et de l'expérimentation et dans celui de la formation des arboriculteurs et de leurs conseillers que dans celui de l'information, y compris celle des consommateurs.

L'application des principes de la lutte raisonnée dans les vergers de l'Europe de l'Ouest a d'abord permis une diminution de l'ordre de 30 % du nombre de traitements chimiques et un enrichissement de la faune indigène d'auxiliaires, grâce à l'utilisation de pesticides plus sélectifs.

Grâce à cet allégement sensible des traitements chimiques, le rôle capital d'une punaise prédatrice indigène, *Anthocoris nemoralis*, dans la régulation des populations d'un ravageur, le psylle du poirier, a été valorisé au point qu'il est aujourd'hui possible de réduire des deux tiers le nombre de traitements chimiques concernant spécifiquement ce ravageur ; de même, on a pu conseiller la suppression des interventions chimiques contre l'Acarien rouge, dans les vergers de pommiers où sont réapparues des populations d'un prédateur indigène, l'Acarien typhlodrome. Parallèlement, de nouveaux procédés de lutte sont conseillés, qu'il s'agisse de la méthode de confusion sexuelle des mâles pour lutter contre la tordeuse orientale du pêcher, *Cydia molesta*, ou de traitements biologiques à l'aide de ces mêmes typhlodromes.

Un procédé de lutte microbiologique à l'aide d'une préparation à base du virus de la granulose, la carpovirusine, s'est révélé particulièrement efficace contre le principal Insecte ravageur des vergers de pommiers, de poiriers et de noyers, le carpocapse ou *Cydia pomonella*, après une dizaine d'années d'expérimentations encouragées et soutenues par la Commission économique européenne (CEE). Le procédé est en phase d'industrialisation et de commercialisation. De nouvelles souches de *B. thuringiensis* sont en cours d'homologation pour lutter contre les principaux

Lépidoptères ravageurs des vergers. L'élargissement de la méthode de confusion sexuelle à d'autres ravageurs que la tordeuse orientale*, tels que la tordeuse de la pelure*, le carpocapse* des pommes et des poires, la sésie*, est également en cours d'étude. Il est cependant regrettable que les lenteurs de la mise au point des procédés alternatifs de lutte contre les maladies parasitaires des plantes cultivées, essentiellement provoquées par des champignons, portent indéniablement préjudice au succès du concept de lutte intégrée en verger. En effet, le praticien, en particulier l'arboriculteur ou le serriste, est contraint de recourir à des traitements chimiques qui sont souvent peu compatibles avec les procédés de lutte biologique qui lui sont proposés par ailleurs.

La demande de ces praticiens et les exigences de qualité formulées par les consommateurs vont pourtant en croissant, ce qui justifie la poursuite d'un programme national d'expérimentation, réunissant les compétences et les moyens d'exploitants, de techniciens et de chercheurs. Les arboriculteurs qui respectent les conditions de production décrites dans le cahier des charges du Comité français pour la valorisation de la production fruitière intégrée (Covapi), utilisent déjà, sur les marchés, un label permettant aux consommateurs d'identifier leurs produits.

C'est aussi grâce à la lutte intégrée que la production de tomates sous serre a pu être efficacement protégée des attaques spectaculaires de la mouche mineuse serpentine* américaine : respect de mesures prophylactiques* pour éviter les contaminations extérieures, arrêt des traitements chimiques renforcés pour rétablir des conditions favorables à la lutte intégrée contre les autres ravageurs des cultures sous serre, exploitation des potentialités d'auxiliaires entomophages adaptés à ce nouveau ravageur. Alors que la rentabilité économique de cette production était à un moment sérieusement menacée, le respect de ces techniques de lutte intégrée a permis le retour à une situation phytosanitaire normale en moins de deux années, jusqu'à la pullulation récente d'un nouveau ravageur, le thrips* !

Cet exemple est révélateur des capacités de l'adversaire, l'Insecte en l'occurrence, puisqu'il sait aussi bien résister aux toxiques que sont les insecticides que trouver une parade en colonisant toute niche écologique nouvellement offerte à son appétit par l'allégement des techniques de lutte.

Le concept de lutte intégrée, originellement défini pour assurer la compatibilité des techniques de lutte chimique et biologique, s'est trouvé ainsi sensiblement élargi avec la prise en considération de mesures de natures différentes permettant d'éviter que les populations d'organismes nuisibles se mettent à pulluler. Cette attitude, dictée par le bon sens, traduit en fait une évolution considérable, dont on n'a pas encore mesuré toute la portée.

Quoi de plus raisonnable, en effet, que de chercher d'abord à éviter les nuisances, plutôt que de s'efforcer de les limiter *a posteriori* ? L'efficacité, le faible coût et la facilité d'emploi de la lutte chimique ont sans doute contribué à faire trop rapidement oublier des pratiques traditionnelles comme la rotation des cultures et la jachère, les cultures alternées ou les semis différés, les mélanges de variétés et le respect des équilibres entre êtres vivants au sein d'un même écosystème. La mécanisation de l'agriculture et la course au rendement ont modifié le parcellaire, fait disparaître les bocages, favorisé les monocultures et l'intensification des fumures, au détriment de la diversité des espèces, voire de la fertilité des sols.

Un nouveau concept a ainsi vu le jour, celui de la protection intégrée, méthode de lutte contre les ennemis des cultures mobilisant simultanément toutes les ressources disponibles à l'aide de toutes les techniques compatibles dans un écosystème donné, dans le but de maintenir les populations de nuisibles au-dessous du seuil de tolérance, tout en répondant aux exigences écologiques et toxicologiques précédemment identifiées. Dans cette nouvelle étape, c'est l'ensemble des organismes nuisibles à une culture donnée qui sont pris en considération, avec le même souci de compatibilité entre les différents procédés de lutte mis en œuvre. Ce nouveau concept a pris naissance en Europe, avec les expérimentations originales conduites en Allemagne en vergers de pommiers. Il est aujourd'hui élargi aux grandes cultures à travers un réseau d'exploitations expérimentales, implantées dans les divers pays de l'Europe de l'Ouest, présentant la particularité de mener simultanément, en vue de les comparer, différents systèmes d'exploitation.

Pour une gestion raisonnée du vivant ?

La protection des cultures contre les Insectes s'inscrit ainsi dans une stratégie globale prenant en compte l'ensemble du système de production : préparation du sol, fumures, choix des variétés cultivées seules ou en mélange, date et densité des semis, gestion de l'eau, nature et calendrier des traitements en cours de végétation, récolte, utilisation des déchets... mais aussi rotation des cultures sur la même parcelle, assolement et exploitation de la jachère. L'objectif est non seulement d'assurer à l'agriculteur un revenu suffisant, cela au moyen d'une production de qualité obtenue à moindre frais par une meilleure gestion des produits consommables nécessaires à l'exploitation (intrants), tels qu'engrais minéraux et pesticides, mais aussi de préserver la fertilité des sols et l'environnement (concept d'agriculture durable).

C'est pourquoi les exploitations expérimentales évoquées ci-dessus sont conduites simultanément suivant deux ou trois des systèmes de production suivants :
– un système à forts intrants, qui permet d'obtenir les rendements les plus élevés, par l'utilisation intensive

des engrais, des pesticides et de la mécanisation poussée des pratiques agricoles ;
– un système d'exploitation intégrée, qui vise à obtenir des rendements optimaux, compte tenu d'une gestion raisonnée des ressources naturelles et d'un respect affirmé de l'environnement, et qui implique donc le choix de rotations culturales et de variétés cultivées pour limiter les populations d'organismes nuisibles, le recours à un emploi judicieux de la fertilisation minérale et organique, l'emploi minimal de pesticides n'ayant pas d'effets secondaires sur l'environnement, et l'exploitation maximale des techniques culturales et biologiques contre les mauvaises herbes, les maladies des plantes et les ravageurs ;
– un système à faibles intrants, enfin, qui respecte les règles des différents types d'agriculture biologique et, en particulier, la réduction, voire l'interdiction, des intrants de synthèse.

Ainsi les expériences conduites récemment en France donnent-elles des résultats encore variables suivant les régions, les années et les systèmes de culture. Une réduction sensible des quantités d'engrais azotés et de fongicides est cependant dès maintenant constatée. On attend la confirmation des bilans établis au Royaume-Uni, qui mettent également en évidence la possibilité de réduire très sensiblement le nombre de traitements insecticides en respectant les règles du système « intégré ».

L'évolution de la politique agricole européenne commune (PAC), ayant pour objet le rapprochement des prix communautaires des cours mondiaux, a récemment suscité l'attribution d'aides financières aux agriculteurs pour compenser les baisses de prix et les réductions de production : la non-mise en culture de 15 % des superficies consacrées aux céréales, oléagineux et protéagineux, porte théoriquement en France sur environ 1,7 million d'hectares, ce qui ferait de la jachère une sorte de culture nouvelle, à prendre évidemment en considération dans la conception des systèmes de culture décrits ci-dessus. On craint, en effet, qu'un abandon, même provisoire, de certaines terres ne favorise la prolifération des mauvaises herbes, à l'image des coquelicots qui fleurissent à nouveau nos campagnes. On se demande également si cette nouvelle pratique agricole ne serait pas de nature à favoriser le parasitisme des plantes cultivées, en particulier par les pucerons, vecteurs de viroses et friands des repousses de céréales après récolte. De même, on connaît de nombreuses maladies des plantes cultivées susceptibles de se multiplier sur les espèces éventuellement conseillées comme couverture végétale de ces jachères.

On sait que d'autres types d'exploitation sont envisagés sur ces terres abandonnées, qu'il s'agisse de cultures à usage industriel telles que le colza pour la production de biocarburant ou encore du reboisement avec des essences à croissance rapide. Cette dernière hypothèse implique cependant une décision autorisant une jachère fixe alors que jusqu'à présent seule la jachère tournante, s'inscrivant dans le cadre des rotations annuelles, est retenue. Ces considérations techniques et réglementaires ont évidemment des conséquences directes sur la gestion du dispositif parcellaire d'une exploitation et, de ce fait, sur la gestion des peuplements animaux et végétaux.

Ce concept de production intégrée s'applique non plus à un champ, mais à l'ensemble d'un écosystème dont il prend en compte la pérennité. La difficulté d'application que l'on perçoit aussitôt tient au fait qu'une exploitation agricole ne constitue que très rarement à elle seule un tel écosystème, et qu'au contraire il conviendrait le plus souvent de prendre simultanément en considération plusieurs exploitations voisines, semblables par leurs systèmes de culture comme par leurs sols, leur réseau aquifère, leur végétation spontanée, leur découpage parcellaire souvent très imbriqué, leur paysage... et leurs populations d'Insectes, tant nuisibles qu'utiles.

On sait pourtant déjà qu'il est possible de procéder à des aménagements, au niveau d'un ensemble de parcelles, ainsi qu'en témoignent les expérimentations conduites en vergers visant à diversifier la faune des Insectes en augmentant la diversité spécifique des haies brise-vent. Outre leur effet d'écran bénéfique pour le microclimat des cultures avoisinantes, ces haies peuvent constituer des abris ou des refuges pour une faune auxiliaire, sous réserve d'en étudier au préalable la composition botanique la plus appropriée.

La forme de ces haies composites est également étudiée : les haies doubles ou bandes boisées et les bosquets semblent les plus favorables au développement des populations d'Insectes qu'ils abritent. La confirmation de l'intérêt de telles pratiques aurait bientôt pour effet de modifier le paysage et pourrait apporter des éléments de réponse aux naturalistes soucieux de préserver des niches écologiques favorables au maintien d'espèces dites « indifférentes » ou en voie de disparition. A cet effet, les entomologistes exploiteront judicieusement les techniques modernes de caractérisation moléculaire des êtres vivants pour mesurer les conséquences de telles évolutions du milieu environnant sur la diversité génétique des populations étudiées.

En grandes cultures, des techniques comparables ont été préconisées, particulièrement en Californie, où la gestion de la végétation spontanée des bordures des parcelles est recommandée, qu'il s'agisse de la préparation du sol à une époque déterminée pour favoriser certaines associations végétales particulièrement favorables aux Insectes utiles ou encore de la fauche programmée de cette végétation pour provoquer le déplacement des Insectes prédateurs qu'elle abrite vers les parcelles cultivées voisines. Ces démarches originales conduisent à s'intéresser à la faune associée aux mauvaises herbes. Comme dans d'autres domaines, un bilan économique et écologique à court, moyen et long terme devrait être établi avant d'adopter les solutions appropriées. Les pertes de rendement provoquées par la concurrence des mauvaises herbes doivent évidemment être prises en compte, tout comme le coût et les effets secondaires des désherbages chimiques.

De telles initiatives ne laissent pas indifférent le grand public. En Europe de nombreuses associations, composées d'agriculteurs performants, soucieux de concilier leurs objectifs économiques avec le respect de l'environnement et conscients de l'importance de la qualité de leur image de marque dans l'opinion publique, ont pour objet non seulement de favoriser les échanges d'informations entre spécialistes, mais aussi et surtout d'engager un nouveau dialogue avec le public non agricole. Les firmes phytosanitaires ont également adopté la même politique, sous la forme de plates-formes de rencontre et d'expérimentations socio-économiques ouvertes au public et permettant ainsi une meilleure diffusion de l'information et de la comparaison des résultats obtenus.

En conclusion, cette présentation du petit monde des Insectes attire l'attention sur la notion de gestion raisonnée de l'espace terrestre et, à cet effet, sur la nécessaire prise en compte du rôle des populations d'organismes vivants qui le peuplent. Elle nécessiterait sans doute d'être complétée par un rappel de la diversité des relations nouées au cours des siècles entre l'homme et l'Insecte, dans des domaines aussi divers que l'alimentation (le miel, bien sûr, mais aussi les Insectes eux-mêmes, appréciés dans certaines régions du monde pour leur apport énergétique dans une ration alimentaire parfois bien réduite), la pharmacopée (utilisation de la pédérine* à dose homéopathique comme stimulateur de croissance des tissus dans le traitement des ulcères) ou l'artisanat (tissus de soie). Notre culture est beaucoup plus imprégnée qu'il n'y paraît de cette cohabitation quotidienne, au point qu'il est fréquent que nos fantasmes ou nos angoisses s'expriment à travers une représentation monstrueuse de supposés extraterrestres empruntée au monde des Insectes.

Au moment où la société des hommes semble prendre conscience de la nécessité de préserver le fonctionnement global de la biosphère, d'abord par une sensibilisation récente aux problèmes de pollution physico-chimique de l'environnement, puis par la reconnaissance de l'importance du fonctionnement des chaînes alimentaires au sein des écosystèmes – et donc de la diversité du monde vivant –, il est significatif de suivre l'évolution de disciplines traditionnelles telles que la botanique et la zoologie.

Après une période d'éclipse, due à l'explosion d'une meilleure connaissance du vivant au niveau cellulaire et moléculaire, on voit se dessiner un intérêt renouvelé pour l'étude des phénomènes biologiques au niveau des populations, intégrant des aspects à la fois dynamiques et génétiques dans un espace-temps prenant en compte une gestion durable de la biosphère.

La préservation des espèces en voie de disparition prend aujourd'hui une dimension nouvelle avec l'urgence reconnue d'assurer la conservation du patrimoine génétique du monde vivant. La diversité de celui-ci est en effet l'assurance d'une possible adaptation aux modifications de l'environnement naturel consécutives au développement des activités humaines. A cet effet, il paraît désormais indispensable que de nouveaux critères de valeur soient pris en compte dans nos modèles de développement et qu'une nouvelle gestion durable de notre patrimoine biologique soit définie et reconnue.

Il s'agit de concevoir et de mettre en œuvre de nouveaux agro-écosystèmes qui feront une juste place à une gestion raisonnée de ces populations sauvages, par exemple au moyen d'un nouveau découpage parcellaire et de l'exploitation des principes de l'écologie du paysage. Au moment où la définition d'une nouvelle politique agricole commune fait l'objet d'interrogations justifiées sur les modalités de gestion de l'espace rural, de telles réflexions sur l'exploitation raisonnée du vivant pourraient permettre d'élargir le débat en y intéressant l'ensemble des citoyens.

ANNEXES

Évolution des systèmes de protection des cultures contre les organismes nuisibles

LUTTE RAISONNÉE : lutte chimique contre un ravageur, après estimation du risque réellement encouru dans la parcelle considérée, par la mise en œuvre de techniques appropriées d'observation et de surveillance du niveau de la population de ce ravageur, ainsi que de la présence et de l'activité d'organismes auxiliaires, par référence à un seuil de nuisibilité défini pour la culture considérée. Les pesticides utilisés doivent répondre à certains critères de moindre incidence écologique.

LUTTE INTÉGRÉE : interventions décidées selon le processus et les critères définis pour la lutte raisonnée, mais faisant appel à plusieurs procédés de lutte judicieusement associés (moyens biologiques, biotechniques, agrotechniques et chimiques).

PROTECTION INTÉGRÉE : lutte intégrée élargie à l'ensemble des nuisibles d'une culture (ravageurs, maladies et mauvaises herbes), prenant de plus en compte les facteurs participant à la limitation naturelle de ces nuisibles (résistance variétale, mode de conduite de la culture).

PRODUCTION INTÉGRÉE : protection intégrée élargie à l'ensemble d'un système de culture d'une exploitation, voire de plusieurs exploitations voisines ayant adopté des systèmes de culture identiques, prenant en compte la rotation des cultures et la gestion des espaces non cultivés et accordant la priorité à l'optimisation du rapport qualité/quantité des produits récoltés.

Glossaire

Acide linoléique et acide linolénique : acides gras insaturés dits indispensables, car ne pouvant être synthétisés par tous les animaux et en particulier les mammifères ; ils sont alors fournis par les végétaux. Ils interviennent dans la synthèse des lipides.
Agrosystème : pour agro-écosystème, unité du milieu exploité par l'homme pour la production de matières végétales ou animales.
Allélochimique : se dit d'une substance émise par un organisme vivant et exerçant une action sur d'autres organismes appartenant à des espèces différentes (ex. : l'émission de luciférine, substance rendant l'organisme phosphorescent la nuit, éloigne de lui la plupart des prédateurs).
Aptère : dépourvu d'ailes.
Arachnide : classe d'Arthropodes terrestres caractérisés par la fusion de la tête et du thorax, à yeux simples, une paire de pattes-mâchoires et quatre paires de pattes locomotrices. Cette classe est divisée en neuf ordres dont les scorpions, les araignées et les acariens.
Arthropode : animal pluricellulaire à symétrie bilatérale, corps segmenté recouvert d'une cuticule sclérifiée jouant le rôle de squelette externe ; l'embranchement des Arthropodes comprend les Arachnides (ex. : l'araignée), les Crustacés (ex. : la crevette), les Myriapodes (ex. : le mille-pattes) et les Insectes (ex. : la coccinelle).
Biomasse : masse de matière organique, d'origine animale ou végétale, en un lieu donné, à un moment donné.
Biotope : aire géographique bien délimitée, définie par des conditions écologiques particulières (sol, climat, etc.), colonisée par des organismes vivants dont l'ensemble constitue la biocénose.

Carpocapse : papillon dont la chenille se développe à l'intérieur de fruits tels que les pommes, les poires ou les châtaignes. C'est le principal ravageur des vergers.
Chélicère : petit appendice mobile dont les deux derniers articles forment pince, permettant de retenir la proie et de perforer son tégument.
Chitine : constituant chimique du tégument des Arthropodes.
Chrysalide : dernier stade du développement larvaire des Insectes à métamorphose complète.
Coléoptère : ordre d'Insectes caractérisés par leur paire d'ailes antérieures coriaces formant un étui sous lequel les ailes postérieures membraneuses se replient au repos (ex. : la coccinelle).
Collembole : ordre d'Insectes de petite taille, dépourvus d'ailes et d'yeux composés, ne présentant pas de métamorphose, se nourrissant de tissus végétaux en décomposition; les collemboles constituent une part importante de la faune du sol.
Courtilière : Insecte de grande taille, encore appelé jardinière ou taupe-grillon, à pattes antérieures courtes et larges lui permettant de creuser des galeries dans le sol. Elle préfère les terres meubles et riches en humus. Elle peut occasionner des dégâts dans les jardins et les cultures de pomme de terre, de tabac, éventuellement de céréales.
Cuticule : sécrétion de nature chitineuse des cellules épidermiques, formée de couches alternées de chitine et de protéine. Son durcissement, caractéristique du tégument des Arthropodes, résulte d'un tannage de cette protéine par des substances phénoliques provenant du sang.
DDT : initiales du dichloro-diphényl-trichloréthane, insecticide organochloré type.
Détritiphage : qui se nourrit de substances organiques mortes; on dit encore saprophage.
Dévonien : période centrale de l'ère primaire, d'une durée d'environ cinquante millions d'années, à près de trois cent vingt-cinq millions d'années de l'époque actuelle.
Diapause : interruption des fonctions de développement et de relation par suite de la modification prolongée d'un ou de plusieurs processus métaboliques.
Diploïde : voir haploïde.

Diptère : ordre d'Insectes possédant une seule paire d'ailes membraneuses, la paire d'ailes postérieures étant réduite à une paire de balanciers. Son appareil buccal est du type suceur (ex. : la mouche) ou parfois piqueur (ex. : le moustique).
Doryphore : Insecte ravageur de la pomme de terre et des plantes de la même famille ; cet Insecte, d'origine américaine, fut accidentellement introduit en France pendant la Première Guerre mondiale et a depuis colonisé l'Europe, d'ouest en est, jusqu'au-delà de la Volga.
Drosophile : mouche du vinaigre, fréquemment utilisée en laboratoire pour des études de génétique en raison de la facilité de son élevage sur un milieu nutritif artificiel.
Élytre : aile antérieure sclérifiée, jouant le rôle d'étui pour l'aile postérieure repliée.
Encapsulation : réaction de défense due à la mobilisation des cellules sanguines qui forment un pseudo-tissu ou granulome autour d'un corps étranger introduit dans la cavité générale d'un Insecte.
Endoparasite : parasite vivant à l'intérieur des différents tissus d'un organisme animal ou végétal.
Entomopathogène : qui peut provoquer une maladie chez un Insecte.
Entomophage : qui se nourrit d'Insectes.
Entomotoxine : toxine active sur l'Insecte (ex. : la toxine de *Bacillus thuringiensis*).
Fongicide : matière active ou produit formulé ayant la propriété de tuer les champignons.
Gastéropode : mollusque à pied locomoteur et à région dorsale enroulée enveloppée par une coquille (ex. : l'escargot).
Gigantostracé : Arthropode aquatique géant disparu, de forme comparable au scorpion actuel. On en a retrouvé des empreintes dans des gisements datés de l'ère primaire (240 à 475 millions d'années).
Gossypol : pigment jaune du cotonnier induisant une résistance de la plante à l'attaque de chenilles phytophages. Ce caractère est l'objet d'une sélection pour l'obtention de variétés améliorées.
Haploïde : qui possède un seul lot de chromosomes, caractéristique des cellules reproductrices ; les cellules non reproductrices

des espèces sexuées possèdent généralement deux lots de chromosomes (état diploïde). On connaît des cas de polyploïdie où une cellule a plus de deux lots de chromosomes : on dira par exemple qu'une cellule est triploïde si elle contient trois lots de chromosomes.

Helminthe : ver parasite de l'homme et des animaux.

Hémolymphe : sang des Invertébrés. Il contient des cellules sanguines ou hémocytes qui baignent dans un liquide riche en substances organiques et minérales.

Hexose : sucre à six atomes de carbone.

Hyménoptère : ordre d'Insectes possédant deux paires d'ailes membraneuses et des pièces buccales du type broyeur (ex. : la guêpe) ou lécheur (ex. : l'abeille). Les larves, privées d'appendices, sont souvent prédatrices ou parasites d'autres Insectes (ex. : le trichogramme), sinon phytophages.

Imago : Insecte parfait, adulte, apte à la reproduction.

Imaginal : qualifie l'imago (ex. : mue imaginale).

Lépidoptère : ordre d'Insectes à deux paires d'ailes membraneuses recouvertes d'écailles, à pièces buccales transformées en une trompe suceuse s'enroulant en spirale au repos. Les larves sont appelées chenilles; au dernier stade larvaire elles se transforment en chrysalide. Leur métamorphose donne naissance au papillon.

Métamère : segment du corps d'un Arthropode. Chaque segment est relié à ses voisins par des membranes articulaires et porte une paire d'appendices articulés.

Mineuse serpentine : mouche originaire d'Amérique, dont les larves creusent des galeries dans les feuilles de plantes cultivées comme la tomate; devenue résistante aux insecticides chimiques, elle est efficacement combattue par la mise en œuvre des techniques de lutte intégrée.

Mitochondrie : organite cellulaire stockant l'énergie et jouant un rôle essentiel dans les phénomènes d'oxydation.

Myriapode : ou plus communément mille-pattes, Arthropode terrestre dépourvu d'ailes, caractérisé par la présence d'un nombre élevé de métamères; le corps n'est pas divisé en régions bien distinctes, seule la tête est bien individualisée (ex. : la scolopendre).

Nervation : disposition des nervures sur les ailes.
Odonate : plus communément nommée libellule, elle possède des pièces buccales de type broyeur, des yeux composés très développés, deux paires d'ailes membraneuses généralement de grande taille. Ses larves sont aquatiques et prédatrices.
Oligocène : époque de l'ère tertiaire, d'une durée approximative de douze millions d'années, à près de dix-huit millions d'années de l'époque actuelle.
Ommatidie : élément constitutif de l'œil composé des Insectes.
Organophosphoré : se dit d'un produit chimique organique de synthèse, dérivé de molécules de phosphore et essentiellement utilisé comme insecticide.
Ovoviviparité : mode de reproduction des animaux dits ovovivipares, chez lesquels la femelle pond des œufs qui se développent à l'intérieur d'une cavité incubatrice interne. Cette femelle émet donc à l'extérieur des petits déjà éclos.
Parthénogenèse : reproduction sans fécondation à partir d'un gamète femelle chez une espèce pourtant sexuée.
Pédérine : poison extrait de *Paederus fuscipes*, petit Coléoptère de la famille des Staphylins, utilisé comme stimulateur de croissance dans la thérapie expérimentale des ulcères.
Pédogenèse : mode de reproduction parthénogénétique à l'état larvaire.
Pentose : sucre à cinq atomes de carbone.
Peptide : molécule formée de plusieurs acides aminés.
Phagocyte : terme général désignant toute cellule fixe ou mobile douée de phagocytose, propriété permettant la capture et l'ingestion de particules solides inertes ou vivantes du milieu ambiant.
Phénolique : qualifie les phénols, série de composés organiques dérivant des hydrocarbures à noyau benzénique.
Phéromone : substance chimique responsable de la communication entre individus appartenant à la même espèce, en déclenchant des réactions physiologiques ou comportementales. Les phéromones sexuelles induisent des comportements plus ou moins directement liés à la reproduction.
Phytophage : qui se nourrit de végétaux.
Polyphage : qui mange des substances d'origines variées, aussi bien animales que végétales.

Polysaccharide : substance chimique de haut poids moléculaire obtenue par l'union de molécules de sucres simples ou oses (ex. : l'amidon, la cellulose, le glycogène).
Prophylactique : se dit de l'ensemble des moyens destinés à prévenir l'apparition, la propagation ou l'aggravation des maladies et par extension des organismes directement ou indirectement nuisibles à l'homme (substantif : prophylaxie).
Protozoaire : être unicellulaire d'une grande variété de formes, qui colonise l'eau de mer, les eaux douces et saumâtres, et la terre humide, à l'exclusion du milieu aérien. Certaines espèces sont de dangereux parasites de l'homme et des Vertébrés en général (ex. : Leishmania, Trypanosoma).
Quiescence : arrêt de développement sous la dépendance directe du milieu extérieur (température, sécheresse), qui s'interrompt dès que prévalent à nouveau des conditions favorables.
Rickettsie : genre bactérien pathogène obligatoire de l'homme, des Vertébrés et des Arthropodes, qui en assurent la transmission (ex. : *Rickettssia typhi*, agent du typhus murin).
Salmonelle : genre bactérien constitué de bacilles pathogènes pour l'homme et les Vertébrés (*Salmonella typhi* ou bacille d'Eberth, responsable de la fièvre typhoïde).
Saprophage : voir détritiphage.
Sarcosome : mitochondrie de la fibre musculaire de l'Insecte. Elles sont nombreuses et souvent de grande taille dans les muscles très sollicités, comme ceux qui actionnent les ailes.
Sensille : récepteur sensoriel d'un Insecte, dont le type le plus simple est le poil sensoriel innervé par une cellule sensorielle. Certaines sont sensibles au toucher, d'autres aux odeurs.
Sésie : papillon ressemblant à un Hyménoptère par ses ailes généralement dépourvues d'écailles ; les chenilles creusent des galeries dans le bois d'essences fruitières ou forestières.
Sexupare : femelle parthénogénétique du puceron se développant habituellement sur la plante hôte secondaire ; elle peut donner naissance à une génération de formes ailées permettant le passage sur la plante hôte primaire.
Spermathécal : qualifie le réceptacle séminal ou spermathèque, diverticule de l'appareil génital femelle assurant la réception et la rétention des spermatozoïdes (substantif : la spermathèque).

Stérol : famille d'alcools solides à noyau cyclique regroupant les éléments précurseurs de molécules complexes présentes dans les tissus animaux (ex. : le cholestérol) ou végétaux (ex. : les phytostérols).
Tanin : substance d'origine végétale rendant les peaux imputrescibles ; utilisé ici par analogie pour définir les dérivés de la tyrosine (acide aminé présent dans l'hémolymphe) qui réagissent avec les molécules protéiques de la cuticule pour assurer la dureté du tégument des Insectes.
Tégument : revêtement externe du corps d'un animal ; carapace chitineuse des Arthropodes.
Terpénoïde : relatif aux terpènes, lipides à molécule linéaire ou cyclique. Fréquemment identifiés chez les végétaux, ils contribuent au parfum et à la saveur caractéristique de chaque espèce.
Thrips : Insecte de petite taille, avec deux paires d'ailes étroites et bordées de longues soies, généralement phytophage par son appareil buccal piqueur-suceur. Outre les dégâts ainsi occasionnés directement aux plantes cultivées, les Thrips sont responsables de la transmission de maladies virales chez de nombreuses espèces maraîchères annuelles et pluriannuelles.
Tordeuse orientale : papillon dont la chenille se développe dans les jeunes pousses ou dans les fruits de pêcher, occasionnellement dans les fruits de poirier, de cognassier et de pommier.
Tordeuse de la pelure : papillon dont les chenilles opèrent des morsures irrégulières et superficielles sur les pommes, favorisant souvent le développement ultérieur de moisissures.
Trachéole : ramification des trachées aboutissant à une cellule.
Trophique : relatif à la nutrition (ex : chaîne alimentaire ou chaîne trophique).
Trilobite : Arthropode primitif marin, fossile (ère primaire).
Triploïde : voir haploïde.
Virginopare : femelle parthénogénétique de puceron se développant sur la plante hôte primaire ; elle peut donner naissance à une génération ailée qui permet l'émigration sur d'autres plantes hôtes de la même espèce.
Viviparité : mode de reproduction par lequel la femelle donne naissance à des petits vivants et non à des œufs.
Xylophage : qui se nourrit de bois.

Bibliographie

Guides de terrain, clés d'identification

DIERL, W., RING, W., *Guide des Insectes. Description, habitat, mœurs*, Paris, Delachaux et Niestlé, 1992.

LERAUT, P., *Les Insectes dans leur milieu*, Paris, Bordas, 1990.

Morphologie, physiologie des Insectes

BEAUMONT, A., CASSIER, P., *Biologie animale : des protozoaires, 2*, Paris, Dunod Université, 1983.

RACCAUD-SCHOELLER, J., *Les Insectes. Physiologie, développement*, Paris, Masson, 1980.

STREBLER, G., *Les Médiateurs chimiques. Leur Incidence sur la bio-écologie des animaux*, Paris, Technique et documentation, 1989.

Les Insectes ravageurs des cultures

Guide pratique de défense des cultures. Reconnaissance des ennemis. Notions de protection des cultures, Paris, Acta, 1990.

Les Insectes vecteurs de maladies de l'homme

RODHAIN, F., PEREZ, C., *Précis d'entomologie médicale et vétérinaire. Notions d'épidémiologie des maladies à vecteurs*, Paris, Maloine, 1985.

Lutte contre les Insectes nuisibles

ACTA, *Index phytosanitaire : produits insecticides*, Paris, Acta, 1990.

LHOSTE, J., GRISON, P., *La Phytopharmacie française, chronique historique*, Paris, INRA, 1989.

RIBA, G., SILVY, C., *Combattre les ravageurs des cultures. Enjeux et perspectives*, Paris, INRA, 1989.

VINCENT, C., CODERRE, D., *La Lutte biologique*, Québec, Gaëtan Morin : Technique et documentation, 1992.

Apiculture et pollinisation

PESSON, P., LOUVEAUX, J., *Pollinisation et productions végétales*, Paris, INRA, 1984.

Vivre avec les Insectes

BARBAULT, R., *Écologie générale. Structure et fonctionnement de la biosphère*, Paris, Masson, 1990.
BARBAULT, R., *Écologie des peuplements. Structure, dynamique et évolution*, Paris, Masson, 1992.
CHAUVET, M., OLIVIER, L., *La Biodiversité, enjeu planétaire. Préserver notre patrimoine génétique*, Paris, Sang de la terre, 1993.
COMMISSARIAT GÉNÉRAL DU PLAN, *Les Espaces naturels, un capital pour l'avenir*, Paris, La Documentation française, 1991.
DOUZOU, P., *Les Bricoleurs du septième jour. Nouveaux Regards entomologiques*, Paris, Fayard, 1985.
LHOSTE, J., *Des Insectes et des hommes*, Paris, Fayard, 1979.

Index

Dans la même collection

n° 1 - *L'Espace pour l'homme* de Pierre Léna
n° 2 - *La Mémoire, du cerveau à l'école* d'Alain Lieury
n° 3 - *Politiques agricoles* de Lucien Bourgeois
n° 4 - *L'Intelligence artificielle* de Jean-Gabriel Ganascia
n° 5 - *L'Insomnie* de Jean-Michel Gaillard
n° 7 - *Le Moyen-Orient* de Georges Corm
n° 8 - *L'Explosion démographique* d'Albert Jacquard
n° 9 - *La Procréation médicalisée* de Jacques Testart
n° 10 - *La Relativité* de Nayla Farouki

à paraître en novembre 1993 :

n° 11 - *École et Tiers Monde* de Sylvain Lourié
n° 12 - *Système Terre* d'Ichtiaque Rasool
n° 13 - *Les Particules élémentaires* d'Étienne Klein
n° 14 - *La Bande dessinée* de Benoît Peeters

Ont collaboré à l'ouvrage :

Édition : Catherine Cornu
Conception graphique et mise en pages : Daniel Leprince
Recherche iconographique : Marie-France Naslednikov
Illustrations : Fractale
Corrections : Rémy Imbert, Marianne Becker
et François Thomas

Photo de couverture : Coccinelle à sept points dévorant un puceron. © Anne et Jacques Six.

Achevé d'imprimer en septembre 1993
sur les presses de
l'Imprimerie Hérissey à Évreux
N° d'éditeur : 14709
N° d'imprimeur : 62263
Dépôt légal : octobre 1993